数字化生活新趋势

用户运营

布局策略+经典案例+实战技巧

马彦威◎著

電子工業出版社
Publishing House of Electronics Industry
北京·BEIJING

前 言

用户运营是以人为中心的运营，是以贴近用户、团结用户、引导用户为手段的运营方式。如今，在流量红利不断被瓜分、获客成本逐渐增高的情况下，用户运营的难度似乎越来越高。很多时候，用户是产品前进的动力，其数量、评价和体验都在促使着产品的加速迭代与更新。用户运营已经成了每一个运营人员的关键工作，因此，运营人员应在用户的拉新、留存、促活、转化方面多多思考，以提高运营的效率与效果。

在用户运营中，我们经常会遇到以下问题：

如何搭建完善的用户成长体系？

如何有效地对用户运营进行数据分析？

如何针对不同类型的用户实施对应的运营方案？

如何用最有效的手段实现最理想的拉新效果？

虽然耗费了大量的精力，但是用户的活跃度和留存率依然很低怎么办？

如何有效地减少用户的流失？对流失的用户如何进行有效的召回？

当用户数量取得质变时，我们应该如何满足不同用户的不同需求？

对流失用户进行分析时，容易陷入哪些误区？又该如何快速地走出误区？

……

可见，做好用户运营并不容易，需要正确理论的指导和实践经验的积累。本书就以全面的理论战略和详细的方法论教大家一些用户运营方面的真本领。不仅如此，如何既精简有效地论述用户运营的相关理论知识，又让读者迅速实操上手，也是本书要解决的重点问题。

在本书中，不仅详细介绍了用户运营方面的知识，还有许多非常有价值的技巧性“干货”。丰富的知识积累和多年的实践经验，浓缩成这本书奉献给每一位读者。书中不仅有大量的经典案例，还有很多精心制作的图表。另外，本书的文字内容也力求诙谐幽默、浅显直白，可以让读者在轻松愉快的氛围中学到知识和方法。

通过对本书的学习，希望大家可以与用户建立更加密切的联系，掌握用户的真正需求和想法，最终让自己的职业生涯再上一个台阶！

目 录 ▶

第 1 章

用户运营究竟在运营什么

所谓用户运营，就是要以用户为核心，满足用户的核心需求。具体来讲，就是要建立巧妙的运营规则，制订合理的运营战略与目标，同时对运营结果进行严格的控制与把关，最终达到最理想的用户运营效果。总之，要借助各种方式巧妙获取用户，提升用户体验，使产品的价值得到最大限度的体现。

用户运营的主要职责是拉新、留存、促活。拉新就是通过各种方式和渠道吸引用户，提升产品的用户量（开源）；留存就是保持已有用户数量，同时召回已经流失的用户人群（节流）；促活就是提升用户的活跃度。我们可以借助一些激励方式或营销活动来提升用户的活跃度。

1.1 用户至上，一种全新的互联网定位模式

随着互联网技术的飞速发展，我们已经进入快消费时代。快消费时代最明显的特征就是信息过剩。由于网络上存在大量过剩的信息，用户不能有效地挑选出最适合自己的信息或产品。所以，我们要建立“用户至上”的营销理念，核心就是主动分析用户行为与心理特征，提供用户急需的信息。做到用户想看什么，我们就能提供什么。只有这样，我们才能迅速获得用户的青睐，才能通过用户运营让企业立于不败之地。

1.1.1 用户真正成了上帝

如今，互联网已经渗透到各个行业。坚持传统模式经营的企业大都受到了互联网浪潮的冲击。许多传统企业也在互联网浪潮的影响下，在做运营时逐渐融入互联网思维，借助大数据技术及新的运营渠道进行产品的推广和用户的拉新。

奇虎360创始人、董事长兼CEO周鸿祎曾说："如果企业心中只有客户的概念，是不能转型做互联网的，因为他们和客户的关系不深。那么什么才是真正的用户呢？用户的特征：不见得掏钱给你、经常性地使用你的服务和产品、直接和你连接、定期地跟你有交互，这些才是用户的条件，做客户容易，做用户难。"

可见，寻找用户要从精确获取大量的客户开始。而搜寻客户离不开先进的运营理念的指导，以及大数据技术的支撑。

在互联网时代，特别是移动4G时代，信息的传播有着更强烈的互动性和共享性。这就要求用户运营人员必须具备"以用户为中心"的思维模式，秉承"用户是上帝"的运营理念。坚持利用最新渠道、最新科技加强与用户之间的互动，快速向用户传输产品的最新功能、最新鲜玩法，只有这样，用户才能迅速被我们吸引，成为我们的种子用户，乃至发展成为最核心的用户。这里以国美电器为例，说明以用户为中心的科学性。

案例

2017年伊始，国美电器重点实施新零售战略。广州国美电器总经理马扬认为，国美应坚持以价值创造为核心，坚持打造垂直完善的产品供应链，深度融合互联网与物联网技术，提升国美的核心竞争力。

其中，以价值为核心就是要坚持以用户为核心，遵循"用户是上帝"的理念。具体来讲，就是要始终以用户为中心，同时坚持生产优质产品，通过优质平台，为用户提供更好的服务。坚持以用户为中心还要善于发挥用户的价值。例如，借助用户的分享行为，进行产品的体验式推广与口碑营销，同时还要积极融合线上与线下，向用户更好地推广产品和服务。

一直以来，国美电器始终奉行“用户是上帝”的理念。在移动互联网时代，国美团队将这一理念发挥到了极致。例如，国美团队始终注重建立人与人之间、人与产品之间，以及人与企业、企业与产品之间的广泛联系，从而打造一个完善的社群关系。这样就有利于产品的功能完善、服务质量与效率的快速提升，从而进一步提升用户的产品使用体验，进一步提高国美电器的综合实力。

“国美 plus”的出台无疑是对国美“以用户为中心”理念的重要支持。所谓“国美 plus”，就是一款集社交、商务与利益分享于一体的平台。它以社交为渠道，为广大国美电器用户提供更有品质的产品与更加高效快捷的互联网购物体验。同时也能够降低商家的成本，提高商家的运营效率，使运营更加快速、精准，可谓是一举两得。

正是由于国美一直坚持这样的理念，国美才成了电器零售领域的巨头，其规模越来越大，利润也越来越高。所以，只有吸引住用户，始终坚持“以用户为中心”才能赢利。虽然时代在变，但是用户至上的理念要始终不倒。在移动互联时代，我们只是把用户运营做到了网络上而已。互联网模式下的用户运营旨在获取海量用户，在此基础上通过各种付费服务或者吸引广告商来进行宣传推广，从而提升产品价值，提升用户购物体验。

总之，无论什么样的商业模式，其本质都是为用户服务，满足用户需求。只有吸引到足够多的用户，我们才能够取得丰厚的盈利。由此，在移动互联时代，用户运营人员必须要改革运营理念，由“客户是上帝”过渡到“用户是上帝”。这样才能在正确的理念指引下，广泛使用各种新技术或者新媒体进行良好的用户运营，最终取得高额的回报。

1.1.2　用户运营的重要性

良好的用户运营一般有两个优势：获得用户的口碑推荐和推动产品功能不断完善。

1. 获得用户的口碑推荐

良好的用户运营有利于提升用户的使用体验。优质的使用体验会让用户向亲朋好友广泛宣传我们的产品，有助于我们获得更多的用户。借助口碑传播，通过良性循环帮助我们的产品不断推广与盈利。

2. 推动产品功能不断完善

用户运营的中心是用户，产品也是围绕着用户的需求不断地迭代升级。优质高效的用户运营就是要始终重视用户对产品的反馈信息，根据用户的反馈信息进行对应的调整，形成良性循环，从而弥补产品的不足之处，进一步优化完善产品的功能。

用户使用产品，产品为用户服务。两者互为依托，相辅相成。所以良好的用户运营必须不断提高产品的性能与服务的质量。

案例

医药公司从建立品牌到产品的研发，不仅要有疾病专家的专业指导，还要有高质量的产品及长期积累的信誉度。同时，还需要优秀的研发团队和营销团队。当然，若要使一款好的药品迅速火遍全国，迅速推销至街头巷尾，依然离不开用户运营。

具体来讲，优质的医药产品的用户运营离不开各种增值服务。例如，用药指导、诊疗信息的发布、健康指导、康复指导及养生指导等，如图 1-1 所示。

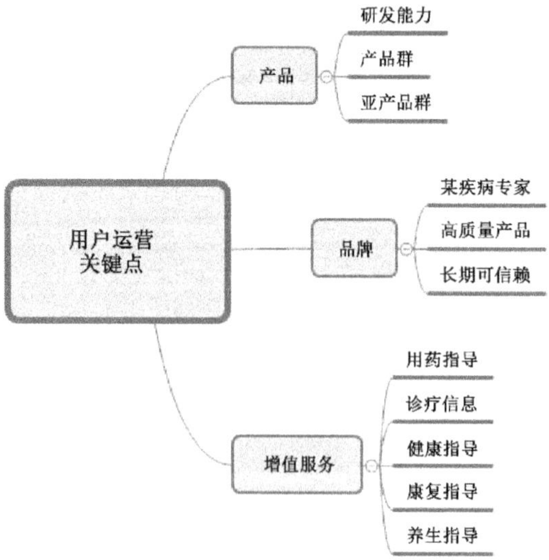

图 1-1　用户运营离不开增值服务

同时，优质的用户运营离不开产品综合性能的提升、产品的竞争优势及产品的盈利模式，如图 1-2 所示。

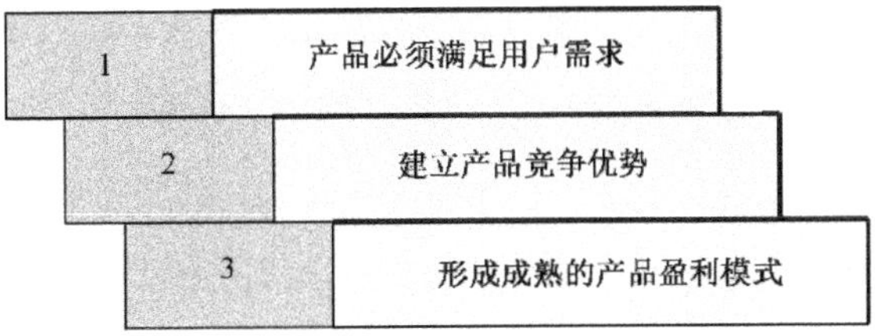

图 1–2　优质用户运营的三要素

首先，产品必须满足用户需求。

产品的成功营销离不开满足用户的核心需求这一要素。想要快速创业并成功，就需要在短时间内设计出产品概念，并迅速占领蓝海市场。在创业或者研发产品前，我们应该收集整理详细的用户行为数据，然后进行科学的分析。这样才能明确目标用户的属性，同时测算出市场对这类产品的需求大小，以及需求的周期性和延续性。

在研发产品前锁定目标用户，只是万里长征的第一步。锁定目标群体后，我们应该持续利用大数据技术，分析用户行为及产品目前的特征。根据用户使用产品的反馈数据，及时调整产品性能，优化产品功能，满足用户需求。只有这样，用户才能成为产品的忠实“粉丝”，我们的用户运营工作也才能够顺风顺水。

其次，建立产品竞争优势。

产品之所以能够一直存在而没有被淘汰，或者一直保持较高的市场占有率，无疑是形成了自己的竞争优势。例如，百度借助搜索引擎技术形成了竞争优势；爱奇艺借助网络独播或者买断影视播放版权形成竞争优势；腾讯则通过强大的社交，在社交电商领域形成竞争优势。

这些竞争优势都能够为用户创造价值，从而能够迅速吸引用户关注，促进用户的运营。最终形成良性循环，促进产品的盈利。

最后，形成成熟的产品盈利模式。

很多创业者是因为理想、热情或者爱好等原因开始创业。但是当我们的创业项目达到一定规模，有很多人和我们一起奋斗时，我们就要考虑为他们负责，这时候就不能只追求理想，必须得找到一个良好的盈利模式。

创业的最终目的就是迅速占领市场，满足用户需求，取得产品的最终盈利。当我们有了大量的铁杆用户之后，就必须探寻属于自我的盈利模式。

盈利模式与用户运营，其实类似于鱼与熊掌的关系，两者似乎不可兼得，但是我们需要在两者之间寻求一个利益的折中点。在不违背道德、不违背法律的情况下，最大限度地寻求产品的利益。最好的商业模式的建立也必须以用户为中心，满足用户的需求，让用户为我们的产品或服务自愿付费，从而给产品带来价值。

1.2 用户运营应达到的三种效果

如今，创业的成功都离不开发掘用户的需求，并在短时间内设计出产品概念，同时以最少的成本来进行产品的研发。只有这样才能迅速占领蓝海市场，满足用户的需求，从而获得大量的用户，最终取得经济效益。在用户运营的过程中，必须搭建完整的用户体系、引导用户产生优质的 UGC，以及提高产品的附加值等，这样才能够成功进行运营。

1.2.1 搭建完整的用户体系

一个良好的、完整的用户体系有助于促进用户运营的高效执行。因为完整的用户体系能帮助用户快速接受产品、熟练掌握产品功能，进一步满足用户的成就感；同时还能够使用户获得更多的额外收益，尊享更多、更实惠的特权，例如享受产品优惠价格、获得相应称号或地位、获取某种荣誉等。

对于用户运营人员来讲，借助完善的用户体系有利于了解用户对产品的使用情况。借助会员等级体系，也有助于对用户进行分层管理，促进产品的精细化运营。同时，完整的用户体系有利于提高用户的黏性、忠诚度及活跃度。借助用户的评论信息或者晒单分享行为，有利于促进用户拉新及促进产品消费。这些都有助于运营人员实现巨大的商业价值。完善的用户体系，不是面面俱到的用户体系，而是科学的用户体系。

用户运营人员要会依据一定的标准对用户进行科学划分，从而促进对用户的科学管理和有效运营。例如，当我们的用户达到了一定数量，形成庞大的用户群的时候，就需要及时做出选择。我们需要在庞大的用户群中筛选出核心用户，并对核心用户进行重点服务和维护。在筛选用户的过程中我们要应用到的就是“漏斗法则”，如图 1-3 所示。

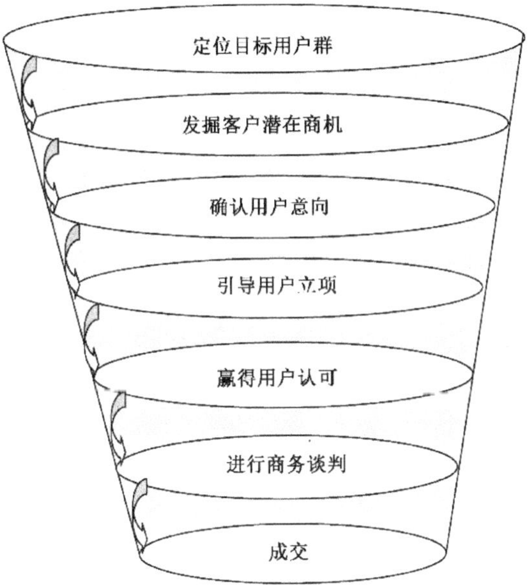

图 1-3　漏斗法则示意

所谓漏斗法则，就是层层过滤，步步筛选，最终锁定核心用户。

具体操作方法：把用户按照等级进行划分，确定好用户的优先顺序后，按照顺序进行用户问题的处理。优先顺序可以根据会员等级进行划分，也可以根据用户活跃度进行划分。总之，划分方法一定要科学合理，不能让用户感觉到不公平。

对于那些 KOL（Key Opinion Leader，关键意见领袖）用户，就要给予最优质的服务，甚至是一些特权，这样他们才会发挥意见领袖的作用，主动帮我们传播产品，进行口碑营销。对核心用户还要进一步加大引导的力度，增加他们对产品的忠诚度，提高他们在用户群里的影响力，使他们成为下一个阶段的 KOL 用户，并赋予核心用户更多的特权，从而提高他们的活跃度及对产品的宣传力度，以此形成良性循环。

对于普通用户，最重要的就是处理好反馈工作。当他们有反馈意见和问题需要处理时要及时回应，这样有助于提升他们在用户群中的自豪感和归属感。

经过科学地划分，企业在进行用户运营工作的时候，就能够做到井井有条，公平合理，高效科学。企业的产品功能也就能够得到进一步的优化与提高，从而形成良性循环，促使用户运营达到最优效果。

1.2.2 引导用户产生优质 UGC

UGC（User Generated Content，用户创造内容）不是具体的业务，而是用户使用互联网的一种新型方式。由原来的用户从网上下载资料为主，转变为用户逐渐向网上上传优质原创内容为主。

随着互联网技术的发展，特别是智能设备的快速发展，以及传媒工具的迅速更新迭代，信息的共享效果、传播速度也越来越快。在这样的时代背景下，用户也在逐渐发挥自己的主观能动性，积极生产优质、有个性的原创内容。

案例

YouTube 等视频网站的成功，可以看作对 UGC 最好的应用。UGC 的迅速发展离不开技术的普及，视频内容的 UGC 传播发展也不例外。

2016 年，YouTube 为达到更佳的视频智能推荐效果，实施了大约 190 个执行方案。2017 年，在原有的智能识别的基础上，又做出了进一步的优化。

对于 YouTube 的日益完善，产品经理 Todd Beaupre 说："YouTube 是随着时间推移逐渐达到质变的科技产品。过程很曲折，每一次的改进都要尝试 10 种不同的方案。但是结果是 YouTube 的功能越来越完善，满足了用户的需求。"

正是由于 YouTube 技术及功能的不断完善，用户也可以利用新技术自主剪辑有趣的、有意义的视频，然后借助高速互联网迅速把剪辑好的视频快速传播到互联网上，并进行用户分享或者参与视频讨论，引发上网群体的关注。

不同类型的产品，UGC 的内容不一样，数量与质量也不一样。

案例

简书、知乎满足的是用户分享和获取知识的需求。所以他们经常会邀请各个领域的名人，也就是通过让 KOL 用户产生内容，来吸引普通用户，并激发他们的积极性。

豆瓣网的 UGC 也有着与众不同的形式。豆瓣创办于 2005 年 3 月，前期几乎没有进行过任何商业推广，但在 2012 年就已经获取到 5600 多万注册用户，在 ALEXA 上的排名（网站的世界排名）也上升到 1600 名左右。豆瓣的所有内容几乎都是由用户上传的。

另外，豆瓣网站的各种内容分类、筛选、排序也是由用户决定的。正是借助用户的原创能力，豆瓣才成为一个巨大的影评社区。在这里不仅有专业的影评人士的分析，也有普通人群的影视评价。既接地气，又高雅讲究；既有长篇大论，又有言简意赅的评论。正是因为大众的原创能力，豆瓣才一举成名，成为大众观影的重要指南。同时为了借助豆瓣的影响力，一些广告商或其他平台也纷纷与豆瓣合作，促使豆瓣的商业价值进一步被挖掘。所以，用户运营人员一定要重视用户的评论。

对于智能手机这样的智能硬件产品来说，也需要 UGC。一般来讲，这类产品的 UGC 就是玩机教程、产品开箱评测等技术内容。所以请一些电子科技、智能设备等相关领域有话语权的达人做报告、做演讲、做评测都是比较好的运营方式。一般来讲，有话语权的达人的 UGC 内容比较高精尖，会有较强的市场影响力。另外，达人如果与对产品有兴趣或者有意见的人进行互动，不但可以促进产品性能的改进，还可以起到免费宣传的效果。

可见，在移动互联时代，引导用户产生优质 UGC 能引发相关用户的广泛参与及互动，从而引爆话题量，促进产品的宣传、传播与消费，最终获得丰厚的利润。

1.2.3 提高产品附加值

拉卡（A.W.Rucker）是美国著名的经营专家，他曾首次提出附加值的概念。他认为："生产价值是企业的生产附加于原材料上增加的价值，也就是由总销售额减掉原材料费、劳动力费、消耗品费后得到的附加值数值。"

由此可知，产品附加值一般是指去除原材料成本、劳动力成本及其他消耗成本后的价值。产品的附加值越高，利润才能越大。

如何才能进一步提升产品附加值呢？方法有两种。第一，降低一系列的生产成本；第二，提升产品的美感、质量与实际效果。具体来讲，要从以下三个角度入手，如图 1-4 所示。

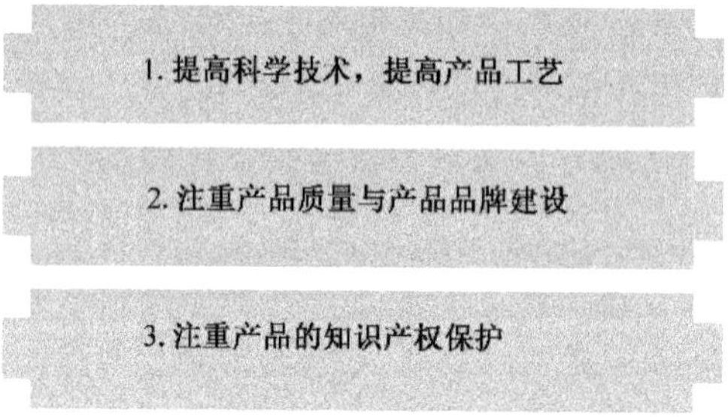

图 1–4 提升产品附加值的三种方法

首先，提高科学技术，提高产品工艺。

科学技术的提升，无疑会提高生产效率，从而降低生产成本；提高产品工艺，则会使产品的外观更加简洁、大气、美观、上档次。深受用户欢迎的产品，应该能使人有一种愉悦感，让人有欣赏的感觉。以苹果手机为例，苹果手机之所以如此受欢迎，一是因为它的硬件好，二是苹果手机能让用户感受到很多独特的设计及多样完美的功能。由此，用户就会有物超所值的感觉。

其次，注重产品质量与产品品牌建设。

著名的天使投资人周鸿祎曾说过：“免费的东西才更要做到极致，因为免费的东西别人更不懂得珍惜。”这就说明，我们要极其注重产品的品质。如果产品的质量不过关，无论讲得多么天花乱坠，顾客依然不会买单。

以手机 App 为例。如果研发设计的 App 空有其表，而没有实质性的内容，当用户使用过后，感觉不好马上就会卸载。下面再以食品质量为例进行说明。三鹿本是一款家喻户晓的奶粉品牌，可是某些商家由于只追求经济利益，而忽视了道德，忽视了人性，忽视了产品质量，在奶粉中添加三聚氰胺，致使许多幼儿畸形成长，甚至不幸夭折。可见，有些后果是惨重的，三鹿企业也因此被世人唾骂，走向破产。所以，企业生产者一定要注重产品的质量。

产品品牌建设是提升产品附加值的不二法门。产品品牌建设也要循序渐进。第一，要进行产品品牌构建，提升产品形象；第二，要进行产品品牌推广；第三，要迅速实现品牌占领。品牌的建设是一个重点，需要公司策划部、市场营销部与宣传部的协同配合。想设计出优秀的产品策划文案，要通过先进的媒体渠道进行营销，还要利用最时尚的方法进行产品的宣传，只有这样，产品的品牌才能打响，才能逐渐成为一流品牌。

现在以特仑苏为例进行说明。在广告策划方面，特仑苏以一句“不是所有的牛奶都叫特仑苏”惊艳四座。这一句广告词的高明之处在于，它把世界上的牛奶分为了两类，一类是特仑苏，另一类不是特仑苏，从而大大提升了自己在奶制品中的地位。在营销方面，特仑苏不仅利用电视上的黄金广告位进行宣传，还通过冠名的方式及网络渠道进行推广，从而逐渐家喻户晓，成为逢年过节时礼尚往来的重要礼品。

最后，注重产品的知识产权保护。

案例

许多高附加值的产品都注重知识产权的保护。可口可乐就是典型的案例。可口可乐的配方严格保密，而且申请了知识产权保护。它的配方诞生于 1886 年，法国报纸曾这样打趣道：“有三大秘密不为世人所知。第一是英国女王的财富，第二是巴西球星罗纳尔多的体重，第三就是可口可乐的配方。”

为了保住可口可乐配方，公司的元老罗伯特·伍德拉夫在任期间曾播放了一段广告。广告内容如下：可口可乐的发明者约翰·潘伯顿将配方的手书藏在银行保险库中，并提议查询配方必须先申请，之后由公司董事会批准，而且只有在相关官员在场的情况下，才能一窥秘方。这样就通过广告宣传的手段增加了可口可乐的神秘感。

另外，可口可乐配方中最核心的三种成分由公司的三位高层分别掌握，三人身份也严格保密。三人也签署了“绝不泄密”协议，而且他们自己也不知道其他两种成分。同时三人不许乘坐同一交通工具外出，以防止意外事故的发生。

经过种种部署，可口可乐保住了秘方，保住了知识产权。由此，可口可乐也成为全球最流行的饮料之一，可口可乐公司才垄断了这一行业，成为世界知名品牌。

企业要提高产品附加值，就必须要抓效率、抓质量、抓品牌、抓产权。只有这些齐头并举，我们的产品才能赢利。

1.3 分答上线 20 天获风投估值过亿

分答（于 2018 年 2 月更名为“在行一点”，为叙述方便，后文中仍以“分答”代称）是在 2016 年上线的一款手机 App，它的主要功能是付费语音问答，在 2016 年分答刮起了一波语音问答的狂潮。它可以让用户在平台找到自己感兴趣的明星和各行各业的大咖，然后向他们提问，他们会通过语音的方式用一分钟时间来回答用户的问题。也可以让在某些领域有知名度的用户设置自己回答问题的价格，他们通过帮助其他感兴趣的用户解答问题，来获取报酬。

2016 年 5 月 15 日分答上线，24 天后姬十三便在朋友圈分布消息：“在行和分答完成 A 轮融资，估值超过 1 亿美元。”那么分答这一现象级产品怎么会有这么强大的爆发力？我们来一探究竟。

1.3.1　名人+话题刷屏朋友圈

分答刚发布，创始人姬十三便邀请王思聪入驻分答。王思聪在分答的身份是“网红、投资人和哲学家”。之后的一天时间内，作为“首富”王健林的儿子，王思聪在分答上也成为最赚钱的人，他在分答上回答了 32 个问题，赚了 20 多万元。

其中，关注度最大的一个问题是：“请问作为亚洲‘首富’的儿子，您的人生还有什么买不起的？”王思聪的回答：“有得卖就买得起，从哲学角度来看，爱情、自由、尊严没得卖，也买不来，生活在中国，就不会去买那些过于奢华、引起民愤的东西。”因为“偷听者”多，这个问题的提问者当时也赚了不少钱。

姬十三在分答发布会上说：“王思聪一直希望分答能够走上一条更好、更专业、服务用户的道路，这个看法和我们的观点是高度一致的。”

姬十三邀请王思聪的这一做法无疑是正确的，王思聪的回答引来了无数媒体的争相报道，“分答”瞬间刷爆了朋友圈。之后章子怡、汪峰、罗振宇、史航等数百位明星大 V（经过个人认证并拥有众多“粉丝”的微博用户），以及像李银河、梁冬、蒋方舟这样的行业名人纷纷进驻分答，分答云集各类明星大咖，这给分答带来了巨大的流量和关注度。

在分答上线短短 42 天后，姬十三在北京召开了发布会，在会上姬十三公布了一些分答取得的成绩：“分答上线短短 42 天，积累了超过 1000 万授权用户。付费用户超过 100 万，平台共产生 50 万个语音问答，交易总额超过了 1800 万元，每日付款数超过 19 万次，复购率达到 43%。在 1000 多万用户中，医学领域答主 5028 人，教育类答主 4366 人，职场导师 3371 人，科研科普工作者共计 1881 人。除此之外，申请入驻分答的机构已有超过 800 家，包括如世纪佳缘、罗辑思维、简单心理、汽车之家、联想服务、Keep 等一批公号。”

因为分答使用方便，不需要填太多的资料，也不需要线下约见，更不需要花费大量的时间，就可以回答“粉丝”提出的问题，与“粉丝”们进行互动。所以能够吸引不少明星入驻。

另外，有不少用户被分答吸引，正是明星大 V 引爆话题的结果。因为，明星大 V 都有自己庞大的“粉丝”群，很多明星和行业大佬也都会在微博上发布自己的分答二维码。

分答的成功，无疑让我们联想到微博。微博也是借助名人效应来吸引普通用户的。由此可知，普通大众与名人之间的交流有三个阶段：资讯→微博→分答。

在这三个阶段当中，“粉丝”与偶像的距离在不断缩短。最开始，“粉丝”通过电视媒体或娱乐杂志来了解偶像的动向；之后，借助微博等新媒体就能够看到偶像分享的信息、动态，而且能够积极主动参与评论；如今，“粉丝”借助分答可以直接向偶像发出提问。

总之，名人自带流量与时尚话题相结合，能够迅速刷屏，引爆朋友圈，吸“粉”无数，从而为“粉丝”运营奠定雄厚的人群基础。

1.3.2 用户运营功不可没

分答之所以能够借助明星和话题刷屏朋友圈，与其出色的用户运营密不可分。分答的用户运营有四个策略，如图 1-5 所示。

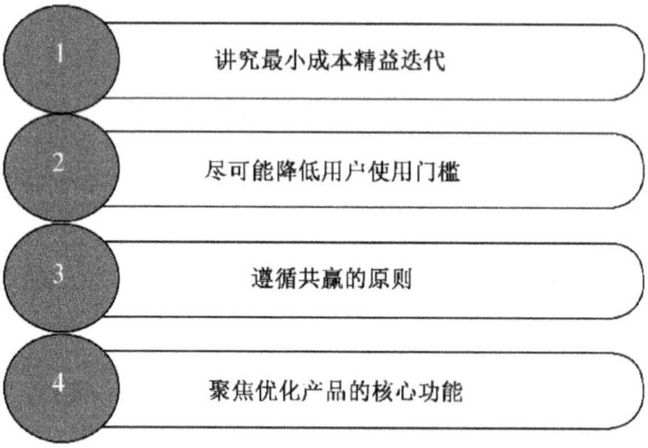

图 1–5 分答用户运营的四个策略

首先，讲究最小成本精益迭代。

分答产品总监曾说：“研发分答的想法是在讨论知识交换平台中产生的。”从想法确定到产品正式发布，研发团队仅仅用了一周的时间。最初上线的版本，界面简约，功能独特，虽然只有“提问”和“偷听”两种功能，但基本满足了用户的核心需求。这种方式被称为精益迭代模式。它的核心是 MVP，即利用最少的资源、最短的时间和最高的效率来做出最具有可行性的产品。

大部分创业者在创业时的想法都是灵光一闪，我们需要做的就是把产品投放到市场上，验证产品是否有市场。为了验证产品是否有市场，通常需要做一个简单的初始版本出来，来看用户的反馈，如果反响良好，我们就可以继续开发产品；如果用户反馈不太好，也可以及时对产品进行改动，或者直接舍弃，避免不必要的浪费。

分答就是如此，在分答公布后，运营团队通过各种渠道，邀请了一些行家来使用。先在部分渠道上线这个产品，结果很快刷屏朋友圈，产品的受欢迎程度大大超出了团队的预期。之后分答大力寻求产品功能的更新迭代，如图 1-6 所示。

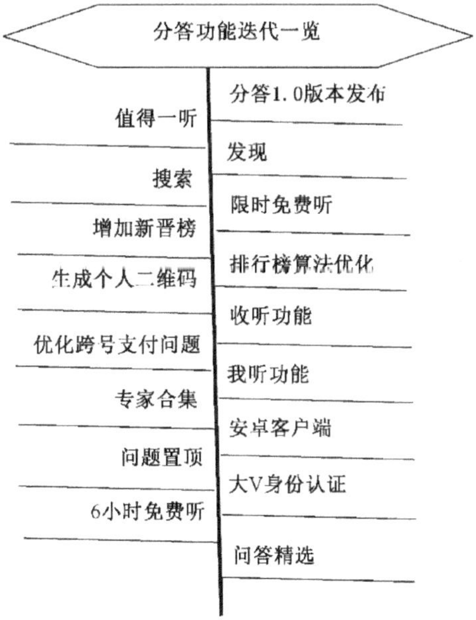

图 1-6　分答功能迭代一览

在分答发布第一版之后，分答版本的更新速度之快令人称奇，甚至达到了每天三次更新新版本的速度。之所以能够快速迭代，是因为良好的产品形态的选择。分答的初始版本不是独立的 App，而是基于微信的一个 H5 页面，就是在公众号上进行通知、支付等服务。相比于手机 App，用 H5 页面进行形态功能开发具有以下几个好处。

（1）用户使用成本低：不需要费时间下载客户端，打开微信服务号就可以使用。

（2）开发成本低：如果开发手机客户端就需要考虑 iOS、Android 两大操作系统，工作量大，而且还有各种适配问题。

（3）迭代成本低：不需要专门去应用市场更新版本，那样还得让用户下载安装包才能使用。直接在终端进行更新就完成了版本更迭，用户对迭代没有感觉。通过 H5 页面进行研发，入口虽然深，但可以降低各种成本，减少费用。

所以，初创产品必须要讲究产品的精益迭代。以最低的成本、最快的速度追求产品的更新换代，满足用户日益多样化的需求。

其次，尽可能降低用户使用门槛。

分答十分注重降低用户的使用门槛。它只设计了两个核心的功能——“60 秒语音回答”和“偷听收益问答者平分”。这种操作就极其简单，用户使用起来也得心应手。

另外，分答的沟通方式也经历了从见面到电话、短信、微信文字再到微信语音的变化过程。分答借用微信语音的沟通方式立即降低了用户的使用门槛。对于明星大咖的“粉丝”来说，语音的方式也让他们感到更加亲切和真实，这也是分答为什么把宣传口号从“值得付费的语音问答”变成“上分答，听他亲口说”的原因。

分答的 60 秒语音回答也有很多好处：比打字更加省力，不再需要耗费大量的时间去约谈。由于 60 秒的限制，回答者会有意识地使自己的话语更凝练，找出问题答案的要点；提问者也知道回答时间短，不会对答案的深度有过高期望。

降低使用门槛的案例还有很多。例如，奇虎 360 通过免费使用正版杀毒软件来降低门槛，使自己的杀毒软件增加了几亿的用户；安卓系统通过让手机厂商免费使用安卓来降低门槛，使自己的手机系统占领了 83.7%的市场份额（美国 IDC 预测数据）。

在当今用户至上的时代，这种使用门槛的降低能吸引到更多的用户。

再次，遵循共赢的原则。

在分答的用户角色里，只有两种类型：一方是回答者，另一方是提问者，他们实现了知识的传递。分答利用“偷听收益，由提问者和回答者平分”这个功能，巧妙地实现了多方共赢，并促进了活跃度，如图 1-7 所示。

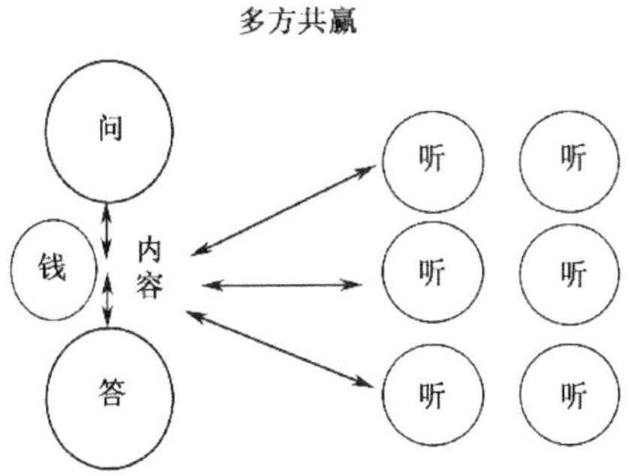

图 1–7　分答多方共赢的模式

第一，分答上的用户无论是提问还是偷听都需要付费，也就是花钱买知识，提问者需要花钱，他的问题肯定是他最想要知道的，这样可以过滤掉一些劣质问题，同时偷听者也需要付费，可以筛选掉一批伸手党。这样问答环境就会舒服很多。

第二，分答将知识获取人又划分为了提问者和偷听者两类，偷听者只要花费 1 元钱就可以获取到知识，促进了知识共享，扩大了知识传播的范围。另外，“偷听”这一功能可以有效地减少回答者对相同问题的不断回答。同时，提问者和回答者都可以获得偷听者带来的收益。提问者可以赚回一点本钱，甚至可以获得盈利，这就能激发用户进行提问的积极性。另外，回答者通常会很乐于把自己在分答上的链接分享到微博、微信或者其他社交平台上，这样无疑为分答做了免费的宣传，吸引了更多的用户，也为分答带来了更多的流量。

第三，分答打着“躺着就能赚钱”和“打造知识型网红”的口号，也吸引了各种知识型的行家纷纷进驻这个产品。分答上的“才华榜”也促使各种大 V 在自己的朋友圈、微博、微信群里分享自己的分答二维码。由于这些大咖本身就拥有很多“粉丝”，在自己的“粉丝”中他们有绝对的话语权，“粉丝经济”也会带动很多人去使用分答这个产品。“粉丝”以前只能接收到大咖的定向信息，而现在他们只需要支付一定的费用，就可以向大咖提问题。这样的分答平台不仅打破了大咖与“粉丝”之间的信息孤岛，而且还带动了更多“粉丝”向大咖提问。

提问者、回答者、偷听者，所有的参与者都能获得自己想要的东西，让分答内部形成了一个循环，用户产生的内容形成了一个良好的内容体系，从而实现了共赢。

最后，聚焦优化产品的核心功能。

分答这款产品，总是满足用户最主要的需求。通过优化核心功能，用户可以搜索自己比较关注的行业名人和偶像，然后对他们发出提问，或者偷听他们的问答内容。这样既方便了用户的搜索提问，也有助于分答的推广。

同时，分答主要把核心功能聚焦在两个方面：一方面，帮用户找到自己感兴趣的人，如大 V 身份认证、才华榜、搜索、收听、专家合集等；另一方面，帮助用户找到自己感兴趣的内容，如 6 小时免费听、我听、问题置顶、问答精选等。正是借助这样的方式，遵循用户至上的运营理念，分答才迅速火爆。

第 2 章

数据分析：用户运营的落脚点

随着互联网技术与大数据技术的发展，一体化和全球化也在逐步加强。大数据分析在用户运营中的作用也越来越重要，已经成为用户运营的落脚点。大数据能够直接、客观、有效地反映出产品与用户的情况，是一种科学的衡量依据，可有效帮助运营人员进行高效管理，最终能够帮助我们进行用户的拉新、留存、促活，进一步优化运营策略。

数据分析要掌握科学的方法。例如，借助 AARRR 模型理论，综合整理用户运营数据，进而采取相应的措施来开展工作；借助第三方数据分析工具进行数据收集；注重日常数据的整理、维护与反馈等。

2.1 AARRR 模型理论

利用大数据做数据分析时，应先整理好整体的数据分析框架，在完整的数据框架之下，再填补相应模块的具体分析需求。这样做数据分析，其结果才更饱满，更具有参考价值。

目前，AARRR 模型是最常见的数据分析框架，这一模型能够有效帮助运营人员获取用户、提升用户活跃度与留存率，最终获取收入，促进品牌的传播。利用 AARRR 模型进行用户运营，要把握五个要点，分别是市场、设计、运营、技术与数据。所以，AARRR 模型是所有产品经理都必须要掌握的一个数据模型。

2.1.1 什么是 AARRR 模型

AARRR 模型由 Acquisition（获取用户）、Activation（提高活跃度）、Retention（提高留存率）、Revenue（获取收入）、Refer（自传播）五部分构成。下面我们从移动应用的五个环节看一下 AARRR 模型理论的含义。

1. 获取用户（Acquisition）

无论是什么产品，用户运营的第一步就是获取用户，即用户拉新。本质上就是通过不同的渠道来吸引用户。如果没有用户，产品最终势必会走向失败。

2. 提高活跃度（Activation）

很多用户借助广告、厂商预装、电子市场、媒体和社交推广等不同的渠道来使用产品。用户使用产品后，运营人员必须采取高效的运营方法把这些用户转化为活跃用户。

提高用户活跃度要注意推广渠道的质量。通过推广渠道进入的用户很多都是一次性用户，即那种只在安装的时候使用了一次，从此之后就再也没有启动过的用户。仅凭这样的推广渠道，一定不能使企业受益。优秀的推广渠道必须根据产品特征，将其与用户人群特征巧妙结合。只有这样，产品的最终使用用户才能够与产品研发时设定的目标用户相吻合。

提高用户活跃度还要注意产品给人的“第一印象”，即产品能否在用户刚开始使用的时候就吸引住用户。如果我们的产品不能在第一时间内就吸引到用户，用户就可能再也不会使用。为了达到吸引用户的目的，我们必须设置一些简单易懂的新手教程，来帮助新用户使用产品。

3. 提高留存率（Retention）

最令用户运营人员头疼的莫过于留存率低的问题。调查显示，一款应用维持用户持续使用时花费的成本要比吸引一个新用户时花费的成本低很多。但是，我们的用户运营还是难以避免“拿一个、丢一个”的问题，这是因为很多运营人员难以知道用户是在何时流失的。

为了提高用户留存率，我们就需要收集并计算日留存率、周留存率、月留存率等指标，来了解产品的用户流失情况，寻找用户流失的原因，然后再通过改进产品或者改进运营方法来维持用户，使他们继续使用产品，降低用户流失率。例如，给予老用户一些特权、荣誉勋章或者优惠立减券等，这样就能够在一定程度上提高用户的留存率。

4. 获取收入（Revenue）

收入无疑是大多数用户运营人员最关注的一个数据。很少有人仅仅为了兴趣而研发产品，大部分的创业者还是为了能够获得利润。有时某些产品提供的服务是免费的，但也会通过其他方式来盈利。

在移动互联时代，手机应用市场上已经很少有专门的付费下载 App。因为付费产品吸引不到普通用户，另外大多手机应用市场都提供免费下载服务。现今的盈利模式大都是广告盈利模式。例如，手机应用就有三种盈利模式，分别是产品付费模式、服务付费模式、广告盈利模式。

无论哪种盈利模式，我们都是要通过用户来获取收入。所以，必须要提高用户活跃度和留存率，只有这样才会有更多的用户为产品的内容与服务进行付费，才有可能获得更高的收入。

5. 自传播（Refer）

以前的运营模型只有前面四个层级，但是随着各种社交产品的发展，我们现在的运营模式新增加了一个层级，就是自传播，即我们常说的病毒式营销。

自传播不但成本低，而且获取的用户质量好。当然自传播必然离不开优秀的产品质量、有创意的产品内容和优质的产品服务。只有这样，用户才能主动为我们进行口碑传播。

由此，用户运营人员需要从 AARRR 模型入手，在这五个环节中寻找突破口，助力我们的用户运营。只有这样，我们的产品运营才能够达到良性循环，获取高额的盈利。

2.1.2　用 AARRR 模型做用户运营的五个要点

在了解了 AARRR 模型后，我们必须知道应该关注哪些数据，来进行高效的用户运营。从理论上来讲，我们需要关注五个方面的数据，分别是市场数据、产品数据、运营数据、技术数据及专业数据分析师整理的数据。AARRR 模型做用户运营的示例图如图 2-1 所示。

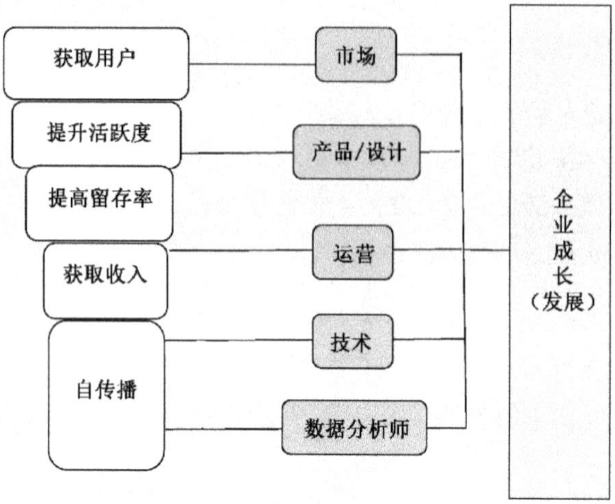

图 2-1　AARRR 模型做用户运营的示意图

第一，要关注市场数据。

市场数据与用户获取密不可分。关注市场数据不要仅仅局限于现如今的市场规模，还要关注未来十年产品的用户规模。要有前瞻性和预判性，这样我们的产品才有可能在未来的蓝海市场中立足，成为行业内的佼佼者。

淘宝成为电商领域的第一平台，与马云的高瞻远瞩密不可分。马云在初创互联网公司的时候，就已经洞悉了互联网的超强计算力，以及与之相关的信息传播速度和高效的生产力。于是，马云首创了淘宝平台。利用互联网技术，把线下的相关贸易逐步转移到线上，并逐步培养线上用户的使用习惯，满足线上用户的使用需求，日益完善线上的服务质量。随着资金流转速度的加快和互联网技术的进一步提升，淘宝的能力也越来越强。马云也实现了自己的理想——“天下没有难做的生意”。

关注市场数据不仅要有前瞻性，还需要拥有动态的眼光。要时时跟进市场数据，根据数据的变化调整自己的生产数量、完善产品欠缺的功能，满足用户多样化的需求。另外，必须要发展大数据技术，培养或者招聘优秀的数据分析师，为自己的产品运营提供好的方向指导，最终通过产品的完善来实现高质量的用户运营。

第二，要关注产品数据或者设计数据。

优秀的产品和优秀的设计，必然能够吸引用户的关注，进而提高用户的活跃度。例如，华为手机的用户运营就十分重视产品数据及设计数据。华为不仅关注自身的产品数据，还时刻关注同行的设计数据。了解同行智能机的最新功能，从而做到知己知彼，进一步优化自己的产品功能。随着人工智能技术的发展，华为智能机也发展了自己的核心功能，研发出了华为 AI 芯片，从而进一步提高了用户对华为手机的关注度，提高了产品的销量。同时借助老用户的口碑宣传，越来越多的消费群体也逐步成为华为手机的忠实“花粉”。

第三，要关注运营数据。

运营数据与用户留存率密不可分。优秀的运营能够有效提升用户的留存率。

运营数据的关注点较多。例如，产品的性能数据、用户的喜好数据、产品的销量数据、产品的销量变化数据及用户的反馈数据等。用户运营人员，需要时常关注这些数据的变化情况，并思考数据变化背后的原因，及时找出产品在功能上的不足或者在营销方面存在的缺陷。通过一系列的弥补措施，日益完善产品的功能，最终使我们的产品成为用户喜闻乐见的高质量产品。只有这样，用户运营人员才能把工作做到位，同时享有成就感。

第四，要关注技术数据。

技术数据与产品盈利直接挂钩。先进的技术能够有效提升产品生产效率，提高产品质量，提高产品工艺。用户运营人员要把眼光锁定在前沿科技，争取及时发现最新科技。同时向技术部门提议，率先使用最新科技，提高产品生产效率，满足用户对最新产品、最新功能的急切需求。

第五，要关注专业数据分析师整理的数据。

所谓术业有专攻，专业数据分析师整理的数据有着更加明确的指向性。一名优秀的用户运营人员要时常关注行业内专业的数据报告。根据产品的数据报告，调节自己产品的生产，优化自己产品的功能，满足用户多元化的需要。

综上，应时刻关注用 AARRR 模型做用户运营的这五个要点。用数据指导生产，用生产完善产品，用产品打动用户，最终达到更好的用户运营效果。

2.2 数据收集的方法

收集到优质的数据，才能够保证数据分析的科学精准。数据收集离不开优质的数据分析工具，例如，“友盟+”数据分析工具、ASO100 与百度统计等。另外，为了获得更具有针对性的数据，还要做好数据的埋点统计。

2.2.1 常用的第三方数据分析工具

大数据时代，非常注重对海量数据的优化处理和分析。优秀的第三方数据分析工具，可以帮助用户运营人员高效地进行日常工作的处理。目前，常用的第三方数据分析工具有六种，分别是“友盟+”数据分析工具、ASO100、百度统计、百度指数、社群空间与 Group+（孤鹿）。

1. 工具一：友盟+

功能：统计分析、运营组件和服务、数据解决方案。

“友盟+”是 2016 年初由三家数据分析公司合并成立的新公司，是中国最专业的全域数据服务平台，旨在为移动开发者和创业者提供最全面的数据化解决方案，包括数据统计分析、统计工具、一些运营组件、用户反馈、消息推送等。

我国移动应用的推广渠道越来越多，如应用商城、手机厂商预装、水货刷机、社交推广等。而“友盟+”可以对各种推广渠道进行评估，包括获取用户的数量和质量。这样可以方便我们选择推广渠道，制订正确的运营战略。

例如，如果要在豆瓣论坛上推广产品，就一定会关注推广链接在豆瓣上的点击量，这时可以输入 http://mobile.umeng.com/apps 来进行统计。（http://mobile.umeng.com/apps 是一个友盟的统计链接。）

2. 工具二：ASO100

功能：App 实时排名、ASO 分析、评论追踪。

ASO100 是一个针对苹果操作系统的数据分析平台。这一平台可以准确详细地查询到各类 App 在苹果应用商店总榜内的排名情况。同时，借助关键字模拟分析与应用商店优化分析，ASO100 能够帮助企业改进应用，也有助于企业开发新应用。同时，运营人员可以通过它清楚地了解自身产品和行业内其他同类产品在市场中的推广情况。

3. 工具三：百度统计

功能：网站统计、流量分析、转化分析。

百度统计是一款网站流量分析工具，用户运营人员可以通过百度统计知道"访客是如何找到并浏览用户网站的，在网站上做了些什么"。了解了这些信息，用户运营人员就可以对网站做出改进，优化用户使用体验，更加有效地获取收入。

百度统计上有各种各样的图形化报告，能够帮助我们全面分析用户的行为。

除此之外，百度统计拥有自己的百度推广数据服务，能够帮助运营人员了解自己的网站在百度上的推广效果，从而改进推广方式和策略。

百度统计的功能是多元的，例如，访客分析、流量分析、网站分析、趋势分析等。目前，百度统计最常见的一个使用方法就是在百度统计中添加一个正确的代码，这样就可以从百度统计上清晰地了解自己网站的独立访客和详尽的流量报告，如流量来源、点击情况和流量地域细分等，如图 2-2 所示。

4. 工具四：百度指数

功能：搜索指数、需求图谱、舆情洞察。

随着互联网的发展，我们早已进入了数据时代。百度指数是国内最大的数据统计分享平台。它以百度众多的用户的行为数据为依托，上线之后便成为很多企业使用的第三方数据分析平台，帮助众多企业实现更好的用户运营。

通过百度指数我们可以知道：某个关键词在百度的搜索规模有多大，一段时间内的涨跌态势及相关的新闻舆论变化，关注这些词的网民是什么样的、分布在哪里，同时还搜了哪些相关的词等。

图 2-2　百度统计系统

总之，百度指数能够有效帮助运营人员捕捉热点信息，综合了解用户行为及特征，最终能够帮助企业改进产品，满足用户需求。

5. 工具五：社群空间

功能：社群签到、社群公告、社群数据分析。

社群空间是基于微信的第三方服务工具，即社群空间是应用在微信群里的，用户在微信群里的一切行为都能成为一项数据。社群空间拥有群签到、群游戏、群数据分析等功能，有助于运营人员更好地实现数据化的社群管理。运营人员能够通过社群空间及时了解微信群里的人员变动及群内成员的活跃度。

活跃度=（群成员发言人数+群内成员访问社群空间人数-两者重复的人数）/群成员总数。

上式是社群空间的活跃度算法，一般情况下，当社群活跃度维持在 40%以下时，我们就可以剔除一些不发表言论的新成员，来提升活跃度。图 2-3 是某款产品旗下的社群“运营研究社”的用户活跃度监控，我们可以感受一下社群空间的作用。

刷新	群活跃度 52%	入群人数 246	退群人数 82
今日	37%	0	1
昨日	76%	3	1
05-11	79%	1	5
05-10	87%	16	0
05-09	90%	87	23
05-08	73%	0	36
05-07	52%	0	0

图 2-3　“运营研究社”活跃度

6. 工具六：Group+（孤鹿）

功能：发布活动、票务管理、数据分析和展示。

Group+（孤鹿）于 2015 年 6 月上线，是一款社群化运营工具，应用场景众多，例如，问卷、众筹、打赏及影响力排行榜等。借助 Group+，企业能够高效快捷地进行社群运营。

以上是运营人员常用的第三方数据分析工具，由于篇幅有限，笔者只介绍了这六款。其实市场上每个层级的产品都还有很多对应的数据分析工具，比如做电商的有阿里巴巴价格指数、淘宝魔方、艾瑞数据、数据 007 等；做金融的有世界网贷之家、融 360、网贷天眼等；做视频的有优酷指数、豆瓣电影榜单、微票儿票房分析等。

2.2.2 埋点统计，获得更有针对性的数据

上文已经介绍了几款第三方数据分析工具，但如果企业想自己做数据分析或者有些数据是无法通过第三方数据分析工具得到的，怎么办呢？答案就是数据埋点。通过埋点统计，企业可以得到自己想要的数据，更有针对性。

首先，要明白什么是数据埋点。

所谓数据埋点，就是针对特定的用户行为进行捕获、处理和发送的相关技术或实施过程。

数据埋点一般分为三种方式，分别是初级数据埋点、中级数据埋点和高级数据埋点。

1. 初级数据埋点

初级数据埋点是针对产品流程中的一些关键点设置统计代码，可以追踪用户登录后的行为，统计用户在使用产品的过程中的一些关键点的数据。因为用户 ID 的独立性，企业可以保证每个用户数据的唯一性。

2. 中级数据埋点

中级数据埋点是在产品中设置多段代码，可以收集用户在平台上的系列行为数据。因为事件之间的独立性，企业可以通过建立用户模型来了解用户在使用产品时的一些行为。

3. 高级数据埋点

高级数据埋点是与研发团队合作，采集分析用户的全部数据，利用分析埋点后得到的数据建立用户画像和用户行为模型，以此来对用户进行数据分析并优化产品。

其次，要知晓为什么要做数据埋点。

数据埋点是一种私有化的设置代码的数据采集方式。它可以帮助运营人员定义和获取真正需要的用户数据及其他信息。

在不同情况下，运营人员考虑的角度和关注的数据可能各不相同，一般分为面向产品运营领域的分析和面向数字营销领域的分析两种情况。前者的目的是促

进产品使用流程和体验的优化，后者的目的是分析产品推广渠道和投放的广告效果。两者侧重点不同，但同时又有一些交叉。因此，针对不同的情况和分析目的，我们应该制订不同的埋点方案。

最后，还要知晓如何做好数据埋点。做好数据埋点必须了解以下内容。

（1）数据埋点的内容。

数据埋点有市场埋点和产品内部埋点两种情况。市场埋点通常用于分析用户使用产品的场景及产品的推广情况。例如，不同地域的用户使用时间的长短、产品在不同地域和渠道的激活量有多少等。内部埋点一般通过分析用户使用产品时的流程来改进产品，增加用户对产品的好感度。

同时，因为产品在使用时的流程一般会有主干流程和分支流程之分，所以与之相对应的数据埋点也应该按照主干和分支来设置。

我们做数据埋点不可能是一步到位的。在产品首次发布时一般会设置以下几个数据埋点：电脑端有后台服务器统计产品的 PV（访问量）和 UV（独立访客）、使用流程之间的转化率及活跃度等。

第二次埋点就要根据产品发布后发现的问题进行分析。例如，企业通过第一次埋点统计到网站首页的访问量很高，但最终注册的用户却非常少，这时就可以分析用户在产品首页的数据，如访问的用户当中有 30%的用户在访问首页之后离开，剩下的 70%的用户转入了注册页，但其中只有 10%的用户最终注册成功。这也就说明产品的注册流程出现了问题，这时就可以在注册流程中设置数据埋点，比较注册流程中各个步骤的转化率，找到注册过程中存在的问题并据此制订解决方案。

（2）分析方法。

任务流程分析法：根据用户使用产品的流程，在使用流程开始和结束的地方设置埋点，分析用户使用产品的情况。

页面转化分析法：整理收集产品各个页面之间的转化率及用户对于页面上的各个模块的点击率，分析用户在产品页面上的行为情况。

情景分析法：总结各种用户使用产品时可能的场景，运营人员或团队根据不同场景下用户的使用流程，针对不同的使用情况设立数据埋点，最终通过埋点数据来验证用户行为。

（3）数据埋点的方式。

目前主流的数据埋点方式分为如下两种。

第一种：研发人员在设计产品时植入相关代码，并建立起相应的数据统计后台。

第二种：通过第三方统计工具来进行埋点统计，如友盟、百度统计、ASO100、App Annie、百度指数等。

数据埋点是数据分析的基础，我们要通过埋点统计来获得更有针对性的数据，优化用户体验，推动产品迭代。

2.3 关于用户数据的三点补充

从整体来看，运营包含四大方面，分别是用户运营、渠道运营、内容运营和活动运营，如图 2-4 所示。要想做好用户运营，其他三个方面的数据分析也要同步做好。

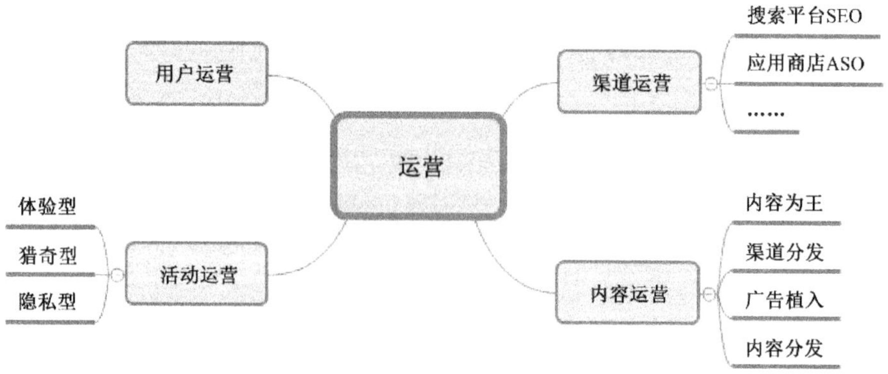

图 2-4 运营的四大方面

另外，用户数据分析工作比较烦琐，需要运营人员很细致地进行数据的处理与维护。除了利用第三方工具进行数据收集，以及数据埋点外，还要在日常维护中做好三件事：重视日常用户运营数据整理，建立“用户反馈—需求—完善”系统，以及科学撰写数据报告。

2.3.1　重视日常用户运营数据整理

很多人认为数据分析只是在产品开发、推广及迭代时才需要用到，其实对于用户运营来说，用户的数据整理工作是每一天都要做的。在用户运营的日常数据整理工作中，我们需要关注以下指标。

1. 新增用户、活跃用户、启动次数

这三个数据是运营人员关键绩效指标的主要评估标准。我们每天都要整理收集这些数据，来了解产品每天的用户拓展情况是否符合预期。

2. 留存用户、留存率、流失用户

除了要关注用户的数量，还要关注用户的质量。留存用户和留存率就是判断一个产品用户质量的重要指标。用户留存率越高，说明产品越能够满足用户需求。运营人员应每天进行留存率的整理，然后总结出留存率在一段时间内的增减情况。同时，通过对比来分析不同版本和渠道对于用户质量的影响，并以此来选择推广渠道，优化产品。

用户流失情况也是用户运营中需要极其重视的部分。由于产品的类型不同，企业对于流失用户的界定标准也不同。例如，新闻和微博这类用户，如果用户超过 1 个月没有使用，就可以将其认定为流失用户；而对于淘宝、京东这类网商产品而言，如果用户超过 3 个月没有使用或者半年内没有任何消费记录，就可以将其认定为流失用户。根据用户的流失情况可以分析出用户流失的原因，针对产品所处的时期采取措施尽量召回用户。

3. 用户行为指标：自定义事件、漏斗模型、页面访问路径

自定义事件是运营人员为了收集到某些特定的数据而设定的。例如，清空或结算购物车的行为、推荐产品的点击情况等都可以被认定为自定义事件。通过分析这些自定义事件的数据，企业可以获得一些特定的信息，以此来完善产品功能，满足用户潜在需求。

漏斗模型是指一系列自定义事件按照漏斗顺序依次触发的流程，是一个量化转化过程。企业可以通过漏斗模型来分析关键路径的数据，从而掌握用户使用产品的关键行为信息。

页面访问路径是指用户访问页面时的流程顺序。企业不仅要知道访问页面的顺序，还要知道各页面之间的转化率和使用情况。整理这些数据能够帮助运营人员了解访问页面的顺序及各页面之间的跳转是否存在问题，同时了解访问页面的流程中的某些要素是否可以有效地被用户触发等。

4. 其他指标

在日常运营中，运营人员除了要关注以上主要指标外，还有一些其他指标同样需要关注，如使用频率、地域、目标用户画像，甚至崩溃率等。这些数据可以帮助我们更全面地了解用户的使用行为、产品的迭代，还可以让我们针对不同的目标用户群，采取不同的运营措施。

2.3.2 建立“用户反馈—需求—完善”系统

用户反馈系统能够根据用户反馈意见，帮助电子商务网站对销售服务、网站进行改进。“用户反馈—需求—完善”系统应该包括用户意见的提交、意见的整理和筛选、对反馈意见的回应三个部分。用户反馈意见的数据一般要有提交时间、用户信息、用户反馈类别、反馈内容等。对用户反馈意见做出回复的数据也应该包括答复时间、答复内容和答复对象等内容。我们的用户反馈系统一般从三个维度加以设计，如图 2-5 所示。

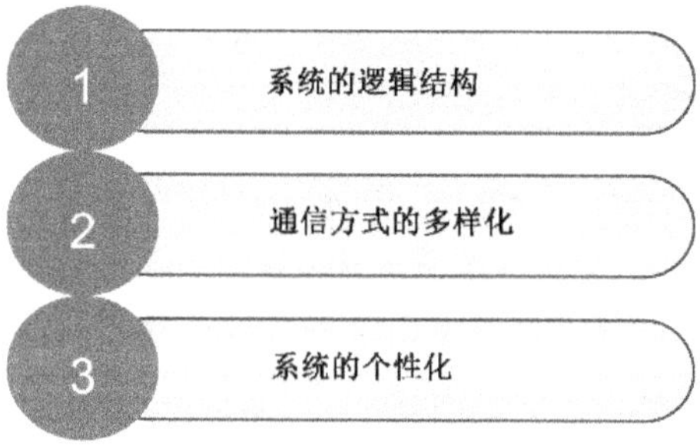

图 2–5　用户反馈系统设计的三个维度

1. 系统的逻辑结构

用户反馈系统应该是简单而又清晰的，这样才能使用户快速地了解系统的使用方法，所以企业在设计用户反馈系统时一定要规划好它的逻辑结构。一般来说，根据用户反馈信息的不同，反馈系统通常有平行结构、树形结构或两种结构相结合这三种形式。

平行结构指将所有可能的反馈信息进行分类，然后通过一个页面展示给用户，由用户选择他所要反馈的类别进行反馈。这种结构简单明了，便于信息的收集、整理及统一应答。

案例

美国的购物网站 Crutchfield 将用户可能的反馈内容分为用户个人账号问题、产品问题、用户订单情况问题、用户使用的电器系统的问题、用户对网站的建议、如何与网站进行联系六个部分，结构简单清晰。

树形结构是将反馈信息按照先后次序进行划分，引导用户将反馈信息填写完整。这种结构的特点是可以将反馈信息的层次结构表现出来。

案例

世界最大的美容化妆品公司雅芳的反馈信息中，首先填写的是用户的姓名、地址等个人信息，然后是用户自己要反馈的问题的类别，最后是反馈的具体内容。这样就把反馈内容的层次关系展现了出来。

如今，企业一般都采用两种结构相结合的方式来收集用户的反馈数据。这样既能够使用户使用起来更加方便，又有利于对反馈信息进行整理、分类和及时应答，最终促进产品功能的完善和用户运营工作的顺利进行。

2. 通信方式的多样化

随着科技的进步，如今我们的通信方式也越来越多。用户进行反馈可以通过各种通信方式，更加方便快捷。例如，产品反馈信息表、E-mail、微信公众号、客服等。同时，用户反馈方式的多样化，也能够大大提高运营人员的工作效率。

由此，企业必须利用先进的通信方式建立高效的信息反馈机制。例如，耐克网站除了使用网页反馈、E-mail 等传统方式收集用户的反馈信息外，还利用网站客服工具，每天在特定的时间回答用户的问题，从而增强了用户黏性。

3. 系统的个性化

有时一些稍带个性的用户反馈系统会给用户带来一种亲切感。现在一些网站会通过自己的数据库将用户的 ID 和用户个人反馈进行联系，为用户提供属于自己的反馈服务。用户填写反馈信息之后会由用户决定是否将问题公开，然后将用户的反馈和自己的个人账号联系起来。在用户登录账号后，可以在自己的个人中心看到自己反馈的问题和网站的应答。这种方式既保护了用户的隐私，又提升了用户体验。同时，将一些可公开的反馈和相应的答复进行公布，又可充分体现网站的公信力。

微信创始人张小龙说："互联网产品应该由用户来推动，而不是产品经理来推动。产品经理的作用只是找到四两拨千斤的地方稍微用点力。"这里的"四两"就是用户需求。

当下市场上很多企业过分关注产品，不考虑用户需求，盲目地改进产品性能，直到产品被淘汰的时候才知道自己的产品根本没有满足用户需求。

由此，企业必须时刻结合用户反馈数据，找出用户对产品的新需求，建立独特的用户需求系统。用户需求系统的建立也不是一蹴而就的，企业的首要任务就是进行需求信息筛选，分析产品是否满足了用户需求，剔除掉其中不合理的部分，增加需要的部分，以此完成产品的更新迭代。

2.3.3 撰写数据报告的 7 个基本步骤

做好用户数据分析工作，还必须掌握科学撰写数据报告的流程。整体来看，数据报告的撰写需要经过 7 个基本步骤，分别是目标确定、数据获取、数据清洗、数据整理、描述分析、洞察结论及报告撰写。

1. 目标确定

数据分析目标撰写包括三个方面：分析目的、分析范围、分析时间。除了以上三个方面外，通常还有一些备注。这里需要注意的是，企业进行数据分析的时候一般都会对产品迭代前后两个版本的数据进行比较，因此企业进行数据分析的周期一般都会跟着产品的迭代情况相应变化。

2. 数据获取

前文我们已经说过，获取数据主要有以下两种方法。

第一种：研发人员在设计产品时植入相关代码，并建立起相应的数据统计后台。

第二种：通过第三方统计工具来进行埋点统计，如友盟、百度统计、ASO100、百度指数、社群空间、Group+等。

3. 数据清洗

当企业收集到数据后，通常都要先对数据进行清洗，因为庞大的数据当中会有一些无效值、异常值、重复值等。清除这些数据和信息是撰写数据报告最关键的步骤之一。若数据本身出现问题，即使我们有最好的分析，也将产生错误的结果，并对我们用户运营的方向和政策产生误导。这里有一个典型的案例供大家参考。

案例

美国许多公司曾惊讶地发现，他们公司的产品用户都住在纽约的一个名为斯克内克塔迪的城市。然而这座城市的人口还不到 70000 人。后来经过调查发现，这座小城的邮政编码是 12345，原来很多用户在使用产品时往往不愿填写他们的真实信息，所以就进行虚假填写。很多用户在填写信息时就根据顺序选择了这个城市。

如果我们直接分析这些数据就会得出错误的结论，除非运营人员能够采取一些相关的措施来验证数据的真伪并清洗数据。所以，无论企业获取数据时采用的是哪一种方式，数据清洗都是一项必不可少的工作。

4. 数据整理

清洗过后，企业就需要对数据进行整理，数据整理的目的是更方便地进行下一步分析，对于一些简单的数据，我们通常用 Excel 来完成这一工作即可。

如果数据已经进行了按序排列，那么企业还要计算一些二级指标。例如，对某款游戏用户充值的数据进行时间对比。具体来讲，对充值总额、充值人数、平均充值金额、服务器平均充值人数等数据进行上周和本周的差额对比和增减率对比。当然如果游戏还需要计算其他项目，企业也可以适当增加其他数据内容。

另外，企业在收集数据时可能还会收集一些非数字的数据。例如，用户对产品的反馈、对商品的评价等。此时，企业在进行数据整理时，就需要应用“关键词-标签”的方式，将这些非数字的数据转化为相对应的标签，再对标签进行整理。

5. 描述分析

描述分析是企业对数据进行分析统计时最常用的方法，也是在撰写报告等工作中运用最广泛的分析方法。描述分析一般由数据描述和指标统计两大部分组成。

数据描述：对收集到的数据的基本情况进行描述，包括数据来源、数据总数、时间周期、地域范围等。如果要进行数据建模，那么还要对数据的趋势、极值、离散度等内容进行描述分析。

指标统计：主要是运营人员在做报告时进行统计，根据实际情况的数据指标，一般将其分为 3 类：变化、分布和对比。

变化：数据指标在两个时间周期内的变动，表现为增减幅（同比、环比等）。如，这周相比于上周的用户数量的变化、用户充值金额的增减幅度等。

分布：指标在不同层次上的表现，比如产品目标用户的区别（年龄、性别、职业等）、用户地域分布（城市、农村）、用户集中使用时间分布（早上、中午、晚上）等。

对比：一般分为内部和外部，内部对比包括公司内部各个部门对比、本公司研发的两个或多个产品对比，例如，移动公司的“动感地带”和“全球通”的用户数、收入对比等；外部对比主要是与所处行业的市场整体情况或者同类产品的其他竞争者进行对比。这一部分与分布有一些交叉的地方，但分布更多用于发现关于产品用户时间、地点、年龄、性别等的分布情况，而对比则是通过和其他产品对比找出其中的原因。

6. 洞察结论

洞察结论是撰写数据报告的关键，也是最能体现用户运营分析水平的部分。

这一部分考察的是运营人员对于问题的分拆及对产品用户逻辑的建立。对于一个相同的图表，一个缺乏经验的运营人员和一个经验丰富的运营人员可能解读出不同的内容。

图 2-6 是某个游戏主机的用户运营统计到的用户行为聚类数据，用户群被分为四类。通过观察可以发现，前三类用户群的数据比较接近，那么第四类用户群的数据为什么会与前三类用户群的数据相差如此大呢？他们是什么人群呢？

（1）缺乏经验的运营人员：第四类用户群交易频率远高于一般用户，那么他们一定是游戏主机的狂热爱好者。

（2）经验丰富的运营人员：第四类用户群是一些倒卖游戏主机的二手贩子，否则不会在一年内买将近 7 台索尼主机。

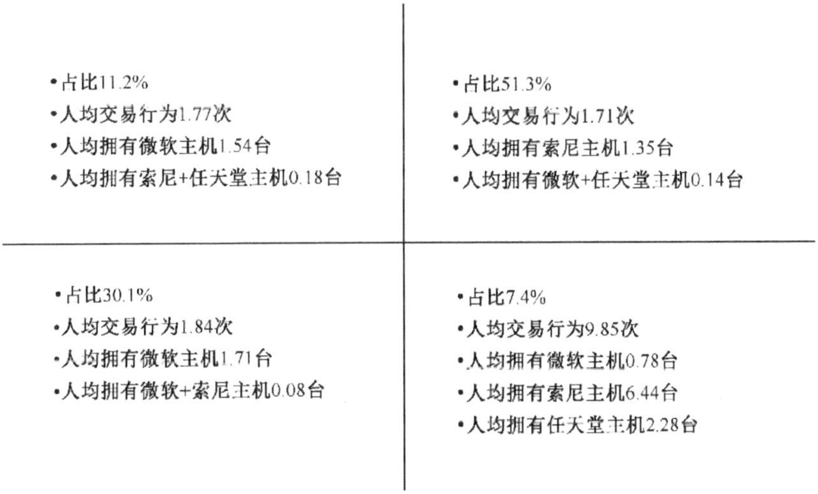

图 2-6　用户行为聚类

很明显，经验丰富的运营人员能够透过现象看到本质，得出正确的结论。通常来说，洞察结论就是数据报告的最终结果。所谓洞察，就是要通过分析数据，去推测和理解数据背后可能的实际情况。单纯地对数据进行描述分析没有意义，我们要在分析数据的基础上得出真实情况并做出决策，数据报告才会有意义。

7. 报告撰写

最后一步就是报告的撰写。在报告撰写时，首先需要保证的是数据报告各部分的完整性。一个完整的数据报告应该包含以下六个部分：数据报告的背景、报告目的、数据的来源和基本情况、分页图表内容及本页结论、各部分小结及最终总结，以及下一步策略或对趋势的预测。

其中，背景和目的决定了报告的主题，是指导企业报告的方向；数据基本情况是企业报告的依据，数据的来源可以增加报告的可信度；分页的图表需要企业在报告撰写当中按照一定的顺序和结构来构建，可以让企业对报告有更加直观的了解；小结及总结是企业报告的最终结果，是必不可少的；下一步策略或对趋势的预测就是企业的运营策略和方法。

第 3 章

行为分析：用户行为轨迹复盘

用户行为分析是一个重要的环节。在产品研发的初始阶段，产品只能满足用户的核心需求。随着技术的演进和用户经济水平的提升，用户也产生了复杂而多元的需求。为了满足用户需求，必须进一步开发具备相对应的特定功能的产品，而这一切都离不开对用户行为进行全面系统的分析。总之，产品无论怎样发展，核心目的都是要分析用户行为、满足用户需求，最终吸引更多的用户。

具体来讲，用户行为分析，是运营人员利用大数据技术，对用户的相关行为数据进行统计、分析，从而发现用户行为数据变化的规律，并探寻变化的原因，进而发现企业在用户运营中可能存在的问题，最终修正或重新制订运营方案。

3.1 学会分析用户行为数据

随着互联网时代的到来，科学技术的发展日新月异，各类产品层出不穷。用户运营人员做了很多，也经历了很多，从一开始只是为了满足用户的某些需求而开发具备相对应的特定功能的产品，发展到现在为了满足用户需求，全面系统地分析用户行为。产品不管怎样发展，最终的目的只有一个：吸引更多的用户。所以用户行为分析就是企业的首要环节。

人们不论想要做什么事情，首先必须了解它，之后才能更好地完成，用户行为分析也是如此。那么什么是用户行为分析呢？

具体来讲，用户行为分析是运营人员利用大数据技术，对用户的相关行为数据进行统计、分析，从而发现用户行为数据变化的规律，并探寻变化的原因，进而发现企业在用户运营中可能存在的问题，最终修正或重新制订运营方案。

在进行用户行为分析时，企业必须关注以下三点：

（1）分析用户行为。确定用户群体特征。

（2）用户对产品的使用率。网站类产品的数据主要有点击率、访问量、访问频度、访问因素、使用时间等；移动应用产品的数据包括激活量、安装量、使用频率、活跃用户数、留存率等。

（3）用户使用产品的时间。例如：用户使用产品最多的是上午、下午还是晚上。

借助这样的方式，企业可以迅速分析用户行为，总结出用户使用产品的需求，最终能更好地吸引用户、优化产品或者促进用户活跃度，实现产品盈利。

3.1.1 挖掘潜在需求

近几年，国内很多电商都在开展价格战，相继推出“双 11 大促”和“6.18 狂欢节”等促销活动，并将其衍生为各自的全民购物狂欢节。同时电商在各种以降价为主要手段的促销活动中，也把很多传统节日作为造势宣传的契机。而广大的消费者在这些促销活动中，只能被这些优惠价格不断地吸引和挑逗，成为“剁手一族”。然而，在当今众多电商竞争中，还有一些企业没有靠价格战来吸引用户，而是通过对用户行为数据的充分挖掘，寻找用户潜在需求来刺激消费。现以亚马逊为例，进行详细说明。

案例

亚马逊公司开创了全球电子商务的先河。1995 年首次开始在网络上经营书籍，之后迅速扩张，不仅在图书行业颠覆了以往的竞争关系和市场规则，而且影响范围逐渐波及各行各业。

亚马逊之所以能在今天为客户提供数百万种产品，成为全球商品品种最多的网上零售商，根本原因在于对用户行为数据进行了充分认识和使用。在人们对电子商务还不太了解的时候，亚马逊已经通过互联网获取了巨大而又丰富的用户行为数据，并且可以对这些数据进行分析与挖掘。这些都是传统门店所不能比拟的。

那么挖掘用户潜在需求的用户行为数据包括哪些呢？通俗地讲，就是用户在浏览网站时做的所有事情，如浏览、搜索、加入购物车、产品购买、使用优惠券、给予评论、申请退货，甚至删除产品等；还有用户在其他网站上的相关行为，如社交、发帖、分享动态、观看视频等。

在电子商务这个领域当中，用户行为数据是非常庞大的，一些专门研究用户在电子商务网站的行为的数据统计公司发布的数据表明，一个用户在购买一款产品之前，平均要浏览 5 个相关的网站、跳转 36 个页面，在一些搜索引擎和社交平台上的相关搜索、谈论行为也有数十次之多。如果一个电商每天的访客量是近百万人的话，这样的活跃数据已经达到了 1 TB。而放眼当今整个中国的电子商务领域，一天的活跃数据已经高达数千 TB。

企业正是通过分析用户在购买前的一些行为数据，来深度地挖掘用户潜在的购买心理、购买需求和购买意向的。

案例

用户 A 在网站上连续搜索了 5 款电视机，其中国内品牌有 4 款，只有 1 款电视机的品牌是国外的；有 4 款电视机是 LED（发光二极管）显示屏，另外 1 款电视机是 LCD（液晶显示器）显示屏；5 款电视机的价格分别为 5000 元、6199 元、5500 元、5309 元、6988 元。通过分析这些数据，基本上可以推断出用户对国内品牌更加青睐，而且他更加想要购买的是价位处于中等的国内品牌的 LED 显示屏电视机。

亚马逊依托数据技术，一步步地对用户的行为数据进行科学的分析和总结，最终利用智能推荐技术，为用户制订特定的服务和产品推荐。例如，当用户 A 浏览了很多款电视机最终却没有购买的时候，亚马逊就会在一周内，把用户可能想要购买的类似价位和品牌类型的电视机的产品信息通过电子邮件的方式发送给他。

这种用户购买推荐服务的效果往往非常好，不仅可以帮助用户更快速地找到想要购买的产品，还可以挖掘出用户潜在的购买需求，促进交易，同时也避免了一些传统的营销方式对用户造成的骚扰问题，这样用户的购物体验就会非常好。可谓是一举多得。

如今，国内外取得巨大成功的电子商务平台，都已经开始关注用户购买前的行为数据，并且为此投入大量时间和金钱。这种对用户行为数据的重视，非常值得其他电子商务平台学习和借鉴。

3.1.2 检测执行效果

小米手机取得巨大成功以后，小米的产品更新换代的速度之快也令人称奇。很多公司也在效仿。在很多人的眼里，产品必须不断地进行迭代，这样才能获取到更多的用户，然后产品才能获得成功。然而企业的产品如果只是为了改版而改版，那么不但会花费掉大量的成本，而且也不一定能使产品受到欢迎，不一定能给公司带来盈利。

市场上很多产品最后无法取得成功，一个很重要的原因，就是没有真正地关注用户。无论是产品的研发还是产品的迭代都要以用户的行为数据为基础。因此，若要使企业的产品获取到更多的用户、取得更大的成功，必须学会通过用户的行为数据来检测产品的执行效果，然后进行迭代。具体来讲，企业需要获取以下三个用户行为数据，如图 3-1 所示。

1. 新功能使用人数数据

通常，产品上线或者产品更新后，用户数量增长越多，用户活跃度越高，表明产品的新功能越受欢迎。

数据指标：功能活跃比=使用新功能的用户数/同期活跃用户数。

分析方法：对比产品更新前后的功能活跃比。

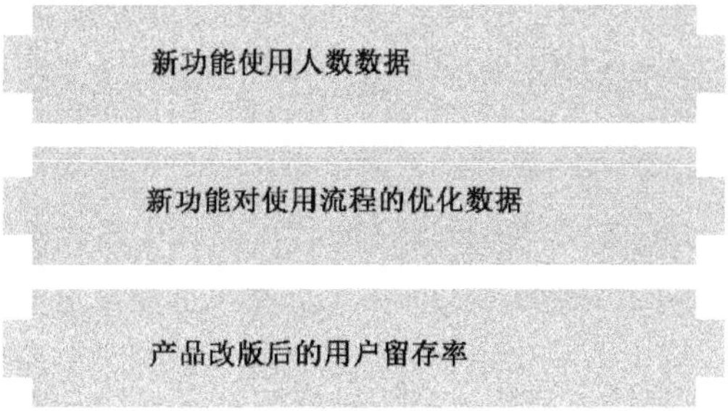

图 3–1　检测产品执行效果的三个用户行为数据

2. 新功能对使用流程的优化数据

如果版本更新后的新功能是蕴含在用户的使用流程当中的，那么就需要检测这个功能是否能起到优化流程的作用。

数据指标：用户流程的转化率和完成率。

分析方法：通过分析对比版本更新前后，用户使用流程的转化率和完成率来判断。这两个数据越高，则说明这个新功能优化流程的效果越好。

3. 产品改版后的用户留存率

一般情况下，每一个产品都有一个生命周期，而企业每一次的迭代都是为了吸引用户，提高用户留存率，延长生命周期。

数据指标：产品改版后 N 天的用户留存率。常见的数据指标有首日留存率和第 7 天留存率等。

分析方法：通过对比分析产品改版前后用户留存率的变化，可以判断改版是否成功。

综上，只有不断利用数据分析技术，分析、检测产品更新后的执行效果，并及时做出相关调整与反馈，企业的产品才会有更好的效果，企业才能用产品吸引用户，达到最佳的用户运营效果。

3.1.3 进行优化和迭代

无论是研发还是更新产品都要以用户为中心，用户行为数据就是企业对产品进行优化和迭代的依据。这在一些电子商务网站上的表现更为突出。由于电子商务网站中商家、产品种类繁多，所以企业的用户行为分析流程也会更加复杂。

第一，要分析用户的入网渠道。一般来讲，用户先进入网站首页，之后通过搜索进入产品页面，最后进入选中的商家的产品页面。在这个过程中，企业可以通过用户在网站首页的点击量和最终到达本产品页面的点击量，来衡量站外推广渠道的质量，以及首页当中产品的广告创意是否与最终用户着陆页面匹配。通过对比不同推广渠道获取的用户数，企业可以择优选择推广渠道，优化产品广告投放方式，节约广告成本，提升广告效益。

第二，通过对访客在网站上的访问流程分析，企业可以清楚地知道，哪些页面的访问率高，哪些产品比较受欢迎，最终哪些产品成交量最多，哪些产品在用户访问之后又被放弃，访客的购物路径是否符合企业在设计网站时的预想。通过对用户的行为数据进行分析，企业可以总结概括出每个用户的购物偏好种类、浏览购物习惯及网站购物流程是否顺畅、网站的产品页面布局是否合理。另外，还可以根据用户行为数据来查找某些产品最终没有成交的原因，通过统计分析其原因来优化产品广告创意、产品布局及网站的购物流程，进而提升用户体验，提高用户黏度。

第三，企业也可以通过用户浏览网站的访问时间、页面跳转率来衡量网页内容的质量。如果网站访问时间过于短暂，企业就可以考虑可能是某些页面内容设置得不合理，从而优化页面。当然访问时间过长也不是企业喜闻乐见的，有可能是网页有 bug（漏洞），或者是用户在访问网站时出现了其他的问题，这时需要进一步寻找具体原因并及时解决。

第四，通过分析用户在网站首页上的搜索行为，帮助网站运营人员对产品的关键词进行优化。通过统计访客在网站上对相关内容的点击量和搜索频率，可以为运营人员对搜索结果的优化提供指导作用。

第五，通过分析用户在着陆页面和离开页面时的情况，可以了解网站的入口和出口有多少，哪些入口和出口是必要的，哪些又是需要舍弃和优化的。最后，企业还可以对网站会员用户、新老用户的不同行为特征进行全面分析，促进网站会员用户的转化，达到以老带新的目的，最终提高网站整体的成交量。

3.2 监控用户行为，维护品牌声誉

互联网的飞速发展给企业的产品运营和用户运营都带来了巨大的影响。

互联网时代，信息传播速度快，传播范围广，这对于产品的口碑传播既是优势，也可能是劣势。有时一些过于挑剔的用户，会在网上对企业的产品进行指责，更有甚者，一些网络差评师会恶意攻击某些产品。

对于这些现象，只要企业能够更早地、及时地与用户进行沟通，解决问题，就能够形成有利于自己的评价，从而维护好自己的品牌声誉。最终通过良好的评价，推动用户自传播，吸引用户，刺激消费，走在市场的前列。所以，监控用户行为、维护品牌声誉也是用户运营的重要工作。

案例

一个年轻有为的厨师，在北京开办了一家属于自己的小餐馆。开始的时候餐馆还挺受欢迎的，每天到饭点的时候，餐馆里都坐得满满当当。然而一年多以后，他逐渐发现餐馆的顾客不再增加，反而有减少的迹象。他对此感到很困惑。

直到有一天，一个跟他关系比较好的顾客告诉他，网上有人发帖抨击他的餐馆。于是，他去网上搜索跟自己餐馆相关的帖子，很快他就在搜索页面发现一篇文章，这篇文章的作者说自己去他的餐馆吃饭的时候，等了很长时间饭菜还没有上来，还批评餐馆的某个服务员态度差。这篇文章的作者是一个专门撰写饮食方面文章的博客大 V，“粉丝”数量还不少。这时餐馆老板才了解到正是这篇文章的传播，才导致了他的餐馆客流量大大减少。

于是，餐馆老板及时调整餐馆内部的管理制度，同时招聘了一批新的服务人员，加强对他们的业务培训。另外，入驻美团，开展网上

餐饮，并招聘网络运营人员，及时对网上餐饮用户的用餐评价做出回应。而且根据用户的反馈数据，及时调整自己的餐饮服务。对于那些恶意攻击人员，也会借助法律手段进行维权。最终这家餐店又逐渐生意兴隆。

由此可见，用户运营人员要借助网络渠道，及时监控用户行为。倾听用户的种种问题或者抱怨，对于合理的意见及时采纳，对于自己存在的问题及时整改，对于恶意的攻击进行有效维权。只有这样，才能在互联网时代有效地维护品牌声誉，使产品更受用户欢迎，使自己最终获得盈利。

3.2.1 达到一定规模时的用户运营特点

产品运营遵循量变到质变的发展规律。如果产品对用户有益，最终会形成一个庞大的用户群。而当用户达到一定规模时，企业就要积极采用用户集中运营的模式。

集中运营的本质是将用户组织起来，统一运营。目的是形成一个个有规则的用户群体，每一个群体都有统一的目标。这里需要注意的是：集中运营不是单纯地把用户放在一个群里，而是通过建立群平台，让企业与用户或者用户与用户之间进行密切沟通，从而促进产品优化更新。

集中运营其实也和传统用户运营一样，都有拉新、留存、促活这几步。区别在于，集中运营不会着眼于一个个的用户个体，而是放眼整个用户群体。集中运营有以下四个特点：

（1）用户规模通常在几百人左右，通过用户群与用户进行沟通。

（2）用户群的进入和淘汰都有明确的规则，权责统一，用户属性明显且又基本一致。

（3）用户群趋于品牌化，用户认知明确。例如：用户群自有的标志、产品定位等。

（4）适用于一些专业用户或者核心用户，运营方式通常是基于一些用户对产品的情感和活动。

根据集中运营的这些显著特点，用户运营人员再制订相对应的管理措施，就能够起到提升用户贡献量、活跃度及忠诚度的良好效果。

3.2.2　及时为用户定下规则

虽然众口难调，但是建立规范合理的制度，会使用户管理有章可循。所以，当拥有了一定的用户规模时，一定要及时为用户定下规则。

完善的用户规则，不仅可以提高我们的工作效率，还可以规范用户行为，维护产品的形象。当然，如果某些规则设置得有问题，就可能会导致我们的用户流失。那么，如何才能设置一套合理又完善的用户规则呢？具体如图 3-2 所示。

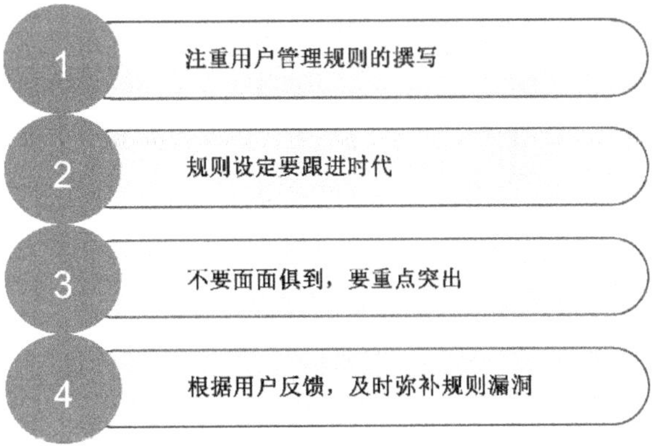

图 3-2　用户规则制订的四原则

原则一：注重用户管理规则的撰写。

用户管理规则的撰写也有许多要注意的地方，要让用户短时间内就明白规则的内容。很多产品的用户规则“又臭又长”，细数一下竟然有四五千字，同时还会有一些配图和相关的文字解释。很多用户都反映帖子又长又啰唆，用户根本没有闲心去看这么长的规则。所以用户规则必须凝练、简单，让用户一目了然，同时规则的标题也是如此，但是不能过于口语化。

原则二：规则设定要跟紧时代。

规则从来都不是死的，而是不断优化和演进的。无论什么规则都不会是一成不变的。随着时代的进步，我们总会对一些规则做出改变。当今互联网已经渗透到生活的方方面面，我们的用户也在变，产品的迭代速度也越来越快，从 80 后到 90 后再到 00 后，他们的需求和想法都不一样。所以，我们的规则设定必须密切结合人群特征、时代特征，做到与时俱进。

具体来讲，我们要定时对自己的规则进行优化。在网上很多大型社区当中，用户的规则都会被整理成文档的形式。企业可以参考这些用户规则，同时结合时代特征做出相关优化，特别是要根据市场和用户的反馈，制订一些新的规则。

还要注意的是，优化不是对规则的全面改变，用户一旦适应了某些规则之后，是很难再改变他的想法的，这样做一定会造成用户的流失。我们需要做的是对规则进行局部优化和补充，让整套规则变得更加完善。

原则三：不要面面俱到，要重点突出。

用户规则不是产品介绍，它相当于一个游戏攻略。企业必须把最有用的攻略告诉玩家，玩家才会信任企业，甚至膜拜企业。优秀的用户运营规则也要重点分明，把有趣的、有实际意义的内容、容易犯错误的内容告诉用户，用户才会做到胸中有数，才会更加信任企业。

所以，在设定规则的时候不能面面俱到，否则就会让用户的思维固化。企业在设定规则的过程中，也无法做到面面俱到。企业的用户规则是给用户设定一个大的框架和方向。

原则四：根据用户反馈，及时弥补规则漏洞。

没有什么规则是完美的、完善的。每一个规则随着时代的演进，总会出现一些漏洞，这是在所难免的，关键是企业在漏洞出现后采取的态度及相应的措施。

最先发现漏洞的往往不是生产者和产品消费者，而是产品使用人员。现今总会有一些喜欢“找碴儿”的用户，他们经常会去努力了解你设定的规则背后的一些逻辑，或者寻找规则中的漏洞，找到漏洞之后甚至会传播给更多的用户。对于这类用户，企业要积极采纳他们的意见，进而调整企业的产品生产，以及为用户制订规则，让企业的产品与管理更加优化。

3.2.3　如何建立良性可控的用户模型

当企业的用户规模逐渐扩大时，就需要对用户进行分类，为用户制订规则，建立一个良性可控的用户模型。与管理公司一样，企业在管理一个庞大用户群的时候，也需要制订相关的制度，建立合理的用户模型，这样才能更好地管理好日益增多的用户，监控好用户行为。

良性可控的用户模型离不开科学的制度、完善的组织架构和明确的分工，如图 3-3 所示。

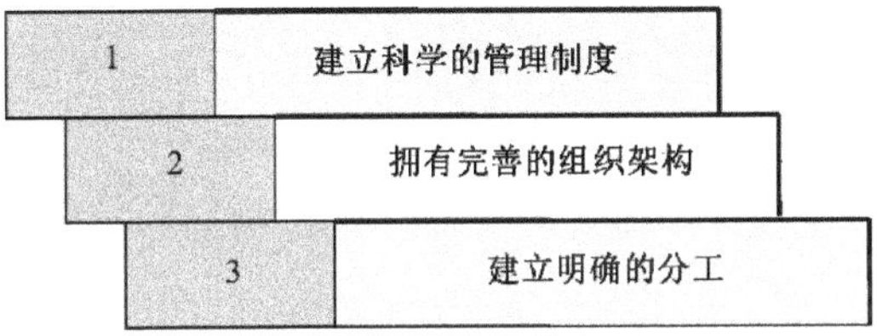

图 3–3　良性可控用户模型的三要素

首先，建立科学的管理制度。

当我们建立了类似用户群这样的用户组织之后，就需要针对用户组织制订相关的用户制度和规则。组织制度应该包括组织定义、用户权益、用户架构和管理内容及用户行为规范等。一个好的制度是促进用户组织良好运营的基础。因为用户一般没有足够的耐心和时间，所以企业的制度也要凝练，增加一些便于理解的图表，甚至可以举行一些相关的活动来让用户加深对制度的理解，让制度得到更好的传播效果。

其次，拥有完善的组织架构。

每一个用户运营人员能够管理的用户数量是有限的。当用户达到一定的量级时，企业就需要建立一个金字塔式的组织架构。

在这种架构下，如果依然招聘专门的运营人员来管理，则会花费大量的人力成本，这时企业需要创新用户管理方法，例如，让用户来管理用户。具体来讲，将一些优质的用户提升为中层管理者，让他们来管理普通用户。这样不但能减少管理成本，而且也有利于组织架构的建立。

最后，建立明确的分工。

用户组织的管理工作中存在很多环节，企业将用户设立为管理者就是充分利用用户的力量，让用户分工协作，所以企业必须重视组织中的分工。

企业把用户引入到用户群之后，还要对他们进行观察和培训，之后才能确立为正式成员。这种培训一般分为三步：进入组织之后先进行沟通，之后是试用期的培训和表现观察，最后根据他们的表现决定是否确立为正式成员。在这个过程中，企业可以充分发挥核心用户的模范作用，让他们来管理这些新用户。

一般流程如下：先将新用户引入到沟通群中，然后让这些管理员将用户组织的基本情况告诉给新用户，并为他们答疑解惑，再进行类似面试的一对一沟通。通过沟通期之后就可以进入试用期，经过试用期的培训，合格后就算成为用户组织中的正式成员。

同时，企业可以建立 QQ 群、微信群等常规的用户管理群。这个用户群就是企业发布产品、进行用户沟通、维系用户的重要平台，同时要设置严格的管理制度和相关用户规则。在群里，企业可以选几位活跃度高的、乐于助人的核心用户帮助企业进行管理。工作包括答疑解惑、发布公告、策划活动、成员管理等。除此之外，还需要收集相关数据，监控用户行为。

3.3 用户分类及对应运营方法

科学划分用户类型，才能够更高效、更精准地分析用户行为。快速划分用户的方法有多种，例如，借定性访谈分析用户特征、利用社会角色巧妙划分用户等。划分用户后，要针对不同用户采用不同的运营方法，必要时要对核心用户进行一对一服务。

3.3.1　如何快速划分用户

不管是产品设计还是用户运营，很多时候企业都要对用户进行划分，这也是企业进行用户研究最主要的手段之一。划分用户能够帮助企业更好地了解产品的目标用户，以及当前相关市场的竞争情况。那么企业如何才能快速地划分用户呢？

1. 通过定性访谈，分析用户特征，巧妙划分用户

企业可以通过面谈、电话、社交平台及电子邮件等与用户进行访谈。在访谈中企业就会发现用户可以提供很多信息，这些信息不仅可以帮助企业划分用户，有时甚至可以促进产品研发与改版。

访谈过程是企业收集信息的重要手段。当然面谈往往是最有效的方式，因为可以引发很多用户的兴趣，从而收集到更多有用的信息。如果条件不允许，企业再采用其他的方式。下面以网易云音乐、QQ 音乐为例来说明如何巧妙划分用户。

不同的人喜欢的音乐类型也会不同。当对这些音乐 App 的用户进行访谈后，企业还会发现，每个人对待音乐的态度也不一样。

在这些音乐 App 用户中，存在着各类用户，例如歌手、音乐制作人及业余人士等。他们的社会角色不同，对音乐的态度也存在诸多差异。

另外，可以根据年龄划分用户。80 后、90 后、00 后等群体喜欢听的歌也各不相同。基于不同年龄段的用户对音乐的需求不同、口味和类型不同，企业就可以据此进行迅速划分，从而进行更科学的用户管理。

2. 利用社会角色，巧妙划分用户

社会角色众多，这里大致归结为以下六类。

（1）学生中的意见领袖：这些学生总是能够先于普通学生把握音乐趋势，收听最新潮的音乐，把他们喜欢的音乐推荐给其他同学。他们中的用户大都受到一些外语语种的影响。这样的学生一般比较外向，兴趣广泛。尤其在当今互联网飞速发展的时代，他们经常会在网上发表或分享一些自己喜欢的音乐的动态，与众多网友展开对音乐的讨论。听音乐会是他们日常生活中的常态。

（2）普通学生：喜欢跟随大众，也就是喜欢流行音乐。他们有很多自己喜欢的偶像歌手，同时也有各自的“派别”。他们听音乐通常是为了缓解学习压力。

（3）意见领袖：这类用户很多都是城市中的一些高收入人群，家里甚至会收藏很多早些时候的音乐磁带或者 CD，对于自己喜欢的音乐歌手和流派非常了解。他们虽然有自己喜欢的音乐类型，但也会去了解新潮的音乐，甚至可以称为音乐的百科全书。可以说音乐是他们最大的爱好。

（4）大众用户：跟随大众，口味基本固定，接受不了新潮的音乐类型。了解音乐的主要渠道通常是某些歌曲排行榜、音乐类的选秀节目或者自己的朋友的分享。音乐好听就行，他们甚至不会去了解这首歌的歌词和歌手，音乐只是日常生活中的消遣工具。

（5）行业从业者：不仅包括歌手、音乐制作人，也包括乐器演奏者、乐评人等。随着音乐的发展，现在很多行业从业者的年龄也在逐渐降低，甚至一些人从中学就开始了音乐创作。音乐就是这些用户的事业。

（6）音乐领域精英：在音乐行业有很大的影响力，偶像歌手、流行“天王天后”、音乐制作公司大佬……在音乐行业中拥有一定的话语权。

3. 通过问卷调研，快速验证用户

通常情况下，用户划分完后还不能结束，还必须进行验证。这里企业主要通过问卷调研的方法来验证之前通过定性访谈分析划分用户群的结果。进行问卷调查时还应注意以下几点。

（1）问卷的目标用户和投放渠道。

为了保证问卷调查的可靠性和有效性，问卷调查的样本不能太少。通常情况下，样本数量越多，可靠性越强。但是由于资源紧张等众多因素的影响，调查问卷也不可能太多，但是一般不能少于 100 份。除了要计算给多少用户发放调查问卷，还要在问卷调研的渠道上多下功夫。有时候渠道用户数量不是越大越好，还要考虑与用户群的匹配程度。

（2）问卷的大纲。

想要制作一份问卷，首先要设计问卷的大纲。要充分考虑通过问卷调研得出的结论，然后根据这些结论进行细分，得出问卷调查的大纲。

（3）问卷题目的设计。

最后，企业就可以根据大纲来设计问题了。问卷题目一定要简约，如今的用户很少会有人耐着性子去填写大量的问卷，因为这不但花费时间，还很枯燥。同时，如果题目太多，很多用户也会为了赶速度而胡乱填写。所以对于一些不太重要的问题，企业完全可以把它删除。

题目的顺序也很重要，通常一开始的问题都是一些非常简单甚至不需要思考的。之后逐渐变难，让用户慢慢地进入状态。题目的选项要精简，问卷调查的主要题目类型是选择题，可以适当设置一些开放性的题目，但不可太多，一般是 1～2 个。

通过以上三个步骤，企业通常就可以很快速地划分出用户群。

3.3.2　对不同分类用户要用对运营方法

这一节主要以知乎类 UGC（用户生产内容）产品为例进行说明，例如知乎、微博、简书、分答等。一般 UGC 产品的用户主要分为五类：明星、名人用户，专业用户，贡献用户，活跃用户，普通用户，如图 3-4 所示。

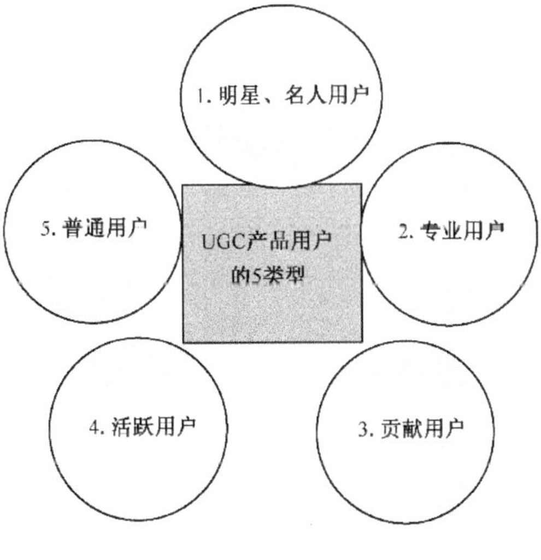

图 3-4　UGC 产品用户的五种类型

那么如何针对不同分类的用户进行运营呢？具体如下。

1. 针对明星、名人用户的运营方法

很多知名的 UGC 产品靠着自己的一些人脉关系来引入名人用户。网络问答社区知乎，刚开始成立的时候是一种封闭的形式，但之后靠着自己慢慢积累起来的人脉，邀请了诸如小米科技董事长雷军、创新工场董事长兼 CEO 李开复、腾讯公司董事会主席马化腾等大佬级名人，通过名人效应充分吸引了其他用户进入知乎。

同样地，分答成为一个现象级产品，也与创始人姬十三主动邀请王思聪入驻密不可分，再加上之前积累的人脉，才吸引到了众多的名人。

2. 针对专业用户的运营方法

在名人、明星用户效应的吸引下，各行各业的专业人士也会纷纷入驻平台，但是企业也需要主动对这些专业用户发出邀请。

在知乎社区里存在很多专业的用户，例如，航海桌面创始人王子元、钢琴演奏家郎朗、仙人掌游戏创始人赵扬、中国最著名的产品经理之一边江等。专业人士上传的用户内容会有特殊的展示效果。知乎《圆桌》就是为这些专业用户提供的可以展示自己内容的栏目。方式如下：邀请 1 位主持人以及在某专业有话语权的 4 位嘉宾发表自己的看法，同时其他人士可以参与评论。

3. 针对贡献用户的运营方法

除了名人用户和专业用户之外，还有一种用户被称为贡献用户。这类用户通常是自己喜欢的某一个偶像明星的后援会或者“粉丝”团。这种用户一般都会发表和自己的偶像明星相关的内容，来与其他的明星“粉丝”进行互动，长此以往，这类用户也会有自己的追随者。对于贡献用户，通常以用户激励的方式来进行运营，包括用户特权、特殊认证等。这样能够让贡献用户拥有自己的认证，从而区别于普通用户，提升他们的自豪感与活跃度。

4. 针对活跃用户的运营方法

活跃用户在通常情况下已经是企业产品的一个“粉丝”了，是企业的忠实用户。对于他们的运营，就是维持活跃度。企业可以时常策划一些促销活动，同时辅之以实物奖励、金钱奖励，吸引这些活跃用户参与进来，维持他们的活跃度。

例如，网易 Lofter 曾经举办了一场名为“对音乐上瘾”的线上投票活动。参与这一活动，可以为喜欢的音乐投上一票，每天可以参与 5 次投票，并能参加抽奖活动。这样有助于吸引用户每天登录，提高他们的活跃值。

5. 针对普通用户的运营方法

一般来说，普通用户的数量最多。他们是活跃用户的基础，所以企业运营的目的就是把他们转变成活跃用户。

首先，针对普通用户，最常用的运营方法就是话题吸引。通常企业可以发起一个最近比较火的或者普通用户会感兴趣的话题，吸引他们的参与。即使用户只点了一个赞，那也证明活动的成功。其次，为了促使普通用户每天登录，培养他们的习惯，企业可以设置签到有礼活动，来吸引他们，促进活跃度。

以上就是对不同的用户采用的运营策略。另外，产品不同，用户的分类也不同。企业应根据产品的实际情况采取相对应的运营方法。

3.3.3　必要时对核心用户进行一对一服务

任何公司、任何产品都会有自己的核心用户。通常来说，核心用户在企业的产品上消费更多，能帮助产品进行自传播，为企业吸引新用户。核心用户一般是企业的铁杆“粉丝”，是企业忠实的支持者。如果借助“二八原则”来讲，核心用户在数量上的占比虽然只有 20%，但是却为企业的产品产值贡献了 80%的力量。

由此，企业的运营策略就是全心全意地为核心用户服务。无论核心用户为企业带来的是资源、金钱还是用户，企业的目标都是激励他们，让他们继续为企业带来更大的价值或利益。必要的时候企业需要对核心用户进行一对一的专人服务。

服务内容要体现出核心用户的价值。企业要设立相关荣誉奖项，以提升核心用户的荣誉感、参与感与归属感。例如，给核心用户加 V 认证等特权标志、物质奖励及优先推荐服务等。另外，用户运营人员要积极与核心用户进行互动，重视他们的意见或建议，进一步优化企业的产品和服务。另外，对为企业带来新用户的核心用户，可以采取“以老带新”的方式，每邀请到一个新用户就给予他们一些奖励，甚至可以给予一些区别于新用户的特权。

一对一的服务，还体现在根据用户消费痛点，进一步解决用户需求，最终促使用户转化为忠实用户，帮助企业盈利。

第 4 章

用户画像：谁是你的上帝

用户画像（User Profile）是大数据时代用户运营的基础。借助大数据技术，企业能够更加精确地分析用户行为，描绘用户画像，从而促进产品与用户间的智能匹配，最终促进产品的运营，提高用户运营的质量，提升企业的运营效果。

在具体的运营过程中，运营人员要通过网络收集与分析用户的各种自然属性和社会属性，以及相关的消费习惯等重要的行为数据，然后把这些数据标签化，构建出用户的全貌。只有这样，才可能更加精确地分析用户行为，提高产品和用户的匹配度，最终提升用户运营的效果，促进产品盈利。

4.1 在谈用户时究竟在谈什么

许多做用户运营的人员，一直都不明白用户的具体内涵。他们总是混淆用户、顾客、客户及消费者这些概念。虽然在一些场合，这些名词能够通用，但是明白它们的区别，则更容易帮助企业构建更精准的用户画像。

4.1.1 消费者、用户、顾客、客户间的区别

消费者、用户、顾客与客户之间的关系十分复杂，既有重合部分，也有不同的侧重，如图 4-1 所示。

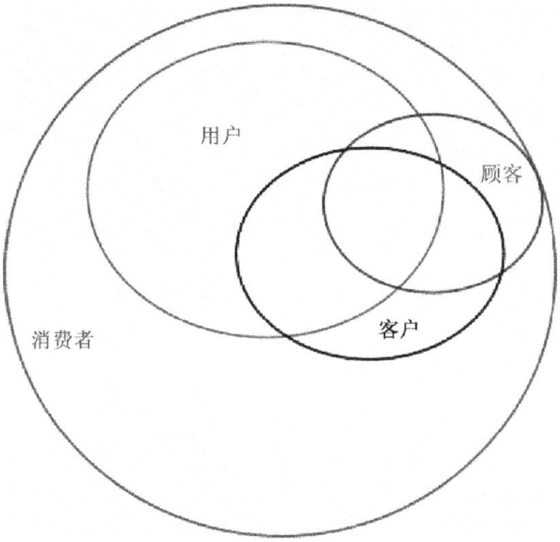

图 4–1　用户、消费者、客户、顾客的关系

1. 消费者

消费者是一个经济学概念，和生产者、经营者通常并列使用。消费者就是消费产品和服务的人群，无论是购买还是使用产品和服务，都是个人的生活消费。因此，我们所有的人都可以是消费者。

消费者也是一个群体概念。从宏观角度来考虑问题时，经常使用消费者这一名词。消费者的概念范围较为宏大。相对于其他几个概念，消费者可以是用户、顾客、客户，甚至可以同时具备几个角色。

2. 用户

用户是产品或服务的使用者，是长期使用企业的产品、跟企业保持联系的人群。用户和消费者的最大区别如下：用户使用产品，但不一定付钱。因为用户使用的产品有可能是其他人送给他的。而消费者就是亲自购买产品或服务的人。简言之，可以说用户是消费者，但是消费者不一定是用户。

3. 顾客

在汉语词典上，顾客被解释为“在商店或服务行业，购买东西或服务的人”。国际标准化组织（ISO）曾这样定义顾客：接受产品的组织或个人。

人们在逛大型超市的时候，经常会听到广播说：“顾客您好，欢迎光临”。其实这就表明了顾客的含义，顾客就是观看产品或者购买产品的人。总之，顾客可以付钱买产品，也可以不付钱，只是浏览商品。

简言之，顾客与消费者的区别就是顾客一定是消费者，消费者却不一定是顾客。

4. 客户

客户是相对于主户的一种说法。客户不一定是用户，但一定是消费者。客户有可能购买产品，但是自己不用，而让别人使用。

例如，如果公司的年终励志奖是进步员工和销售标兵每人一部苹果手机。如果公司采购人员去购买苹果手机，那么采购人员一定是客户或顾客或消费者，但不是用户。由此可以看出，很多时候客户和顾客的概念是趋于一致的。

但是，对于一些企业而言，顾客和客户还是有区别的。现代管理咨询之父马文·鲍尔曾说："我们没有顾客，我们只有客户。"这是什么意思？作为麦肯锡咨询公司的创始人，他认为，顾客一般是指个体，适用于普通商品和服务，而客户则适用于特定的市场，尤其是像他们这种咨询公司。

顾客和客户一般都是指购买商品和服务的人，但是在一些企业眼里，客户的层次要更高一些。"客"字的含义在汉语字典里通常是指服务对象。所以，客户的含义里更有一种服务和往来的关系。

在互联网时代，企业更加重视用户这一概念。因为用户才是一切的基础。企业只有明确这四个概念的区别，才能更好地构建用户画像。

4.1.2 构建更精准用户画像的意义

借助大数据技术，更精准地构建用户画像有三个层面的意义，如图 4-2 所示。

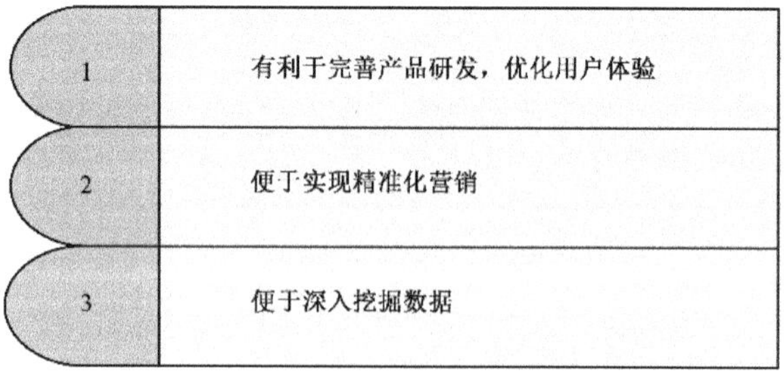

图 4-2 构建更精准用户画像的三个意义

第一，构建更精准的用户画像，有利于完善产品研发，优化用户体验。

在传统的商业模式中，许多企业都是粗放生产、粗放经营的，导致许多产品存在滞销的现象。另外，这种闭门造车的生产方法，往往会使研发出来的产品根本吸引不了用户，满足不了用户的需求。

在移动互联时代，讲究“用户至上”。产品研发要以用户的需求为导向，运营人员通过各种渠道收集目标用户的数据，然后对数据进行整理和分析，精准描绘出用户画像，确立目标用户的喜好和需求，从而设计出匹配用户需求的产品，提升用户体验，提供让用户满意的服务，只有这样，才会促进企业的产品营销、盈利。

第二，构建更精准的用户画像，便于实现精准化营销。

精准化营销是指产品和用户之间有强烈的针对性。用户画像更精准，企业和用户之间的联系就更加密切，营销效果就会更好，同时也能为企业节约大量的成本。

例如，某一个商家想要通过举行一次活动来吸引用户，但是他选择了一个外部的推广渠道而没有利用自己已有的用户资源来宣传，换句话说，就是舍弃对自己产品熟悉的用户而选择了对其产品不熟悉的活动对象，结果获取到新用户花费的成本是原来的十几倍。这就是没有进行精确化营销的结果。

大数据时代，借助科学技术成功实现精准营销的方式与案例简直不胜枚举。

最典型的莫过于电商经营。例如，淘宝电商利用 SEO（搜索引擎优化）技术，可以有效推广产品；借助智能推荐技术，可以根据用户以前的购买行为进行商品推荐，提高营销效率。总之，要做到精准营销，数据是重中之重。一切以数据说话，根据数据梳理用户标签，构建用户画像，然后通过系统对用户进行划分，针对各种类型的用户群采取相对应的运营和营销方式。

第三，构建更精准的用户画像，便于深入挖掘数据。

简单来说，企业可以根据用户对一个产品的喜爱程度，推断出他对另一个相关联的产品的喜爱程度，从而促进两种相关联产品的销售。

案例

沃尔玛“啤酒和尿布”的营销故事让营销人员打开了营销新思路。当时，沃尔玛经过分析发现，啤酒和尿布放在一起销售，效果最好，两种商品的销量都增加了。

很多人听到这个消息都会感到困惑，甚至认为这是一个笑话。因为从表面上看，啤酒和尿布没有一点关系。但是这确实是发生在美国最大的连锁超市沃尔玛的真实案例。原来沃尔玛会根据自己的数据系统对每一个顾客的购物情况进行分析，以便发掘他们的购物需求和习惯。

后来，他们经过数据分析竟然发现：人们在购买尿布的同时购买的其他商品里最多的竟然是啤酒。刚开始他们也很诧异。之后他们通过调查发现，这是美国人的一种消费行为习惯。一些刚有孩子的父亲会在下班后到超市为孩子买尿布，而喜欢喝酒的美国人通常会随手带一些啤酒。这样就产生了“啤酒和尿布”的关联。

所以，用户运营人员要密切关注大数据技术的发展进程，时刻用发展的眼光注视周遭世界的变化，综合提升自己的运营能力，提高产品的销量，提升自己的业绩。

4.2 快速划分用户的方法

用户划分讲究方法和技巧。除了通过定性访谈、利用社会角色划分及借助问卷调研的方法划分外，还可以更具体地从以下五个角度来进行用户划分，分别是区域、年龄、消费能力、需求及频率，如图 4-3 所示。

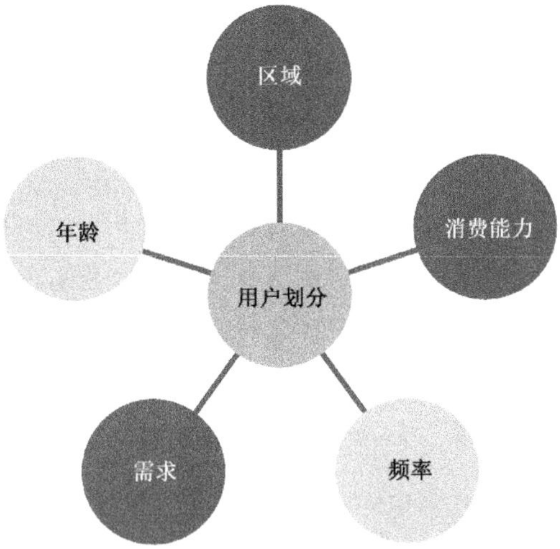

图 4-3　快速划分用户的五个维度

4.2.1　区域

中国是地域广阔的国家。不同的区域，生活习俗、语言风格及经济水平都不一样。根据地理方位，我国一般分为七大地理区：东北、华北、华中、华东、华南、西南和西北。所以企业的产品目标用户也会有地域的划分。

案例

如果企业要做一款饮食菜系 App,就得充分考虑用户的地域特征及饮食特色。我国有八大菜系：川菜、鲁菜、粤菜、苏菜、浙菜、闽菜、湘菜、徽菜。东北人喜欢吃大烩菜，山西人喜欢吃面食，南方人喜欢吃米饭。由于地域特色明显，所以不同地域之间的用户需求也大相径庭。所以，企业在进行 App 设计时要充分考虑地域特色，讲究入乡随俗。这样设计出的 App 才会有市场，才会受当地人的喜欢。

另外，区域也可以按照城市、乡镇、农村的级别进行划分。其中城市又可以划分为一线城市、二三线城市等。城市与农村之间的经济水平存在较大差异，特别是两者之间的消费观念与消费能力有着明显的不同。企业在进行用户运营的时候，一定要充分考虑这一要素。

案例

同样是开一家服装店，在城市和农村就需要有不同的定位。在城市，企业在运营服装产品时，需要综合考虑服装的品牌、款式，以及是否流行、是否时尚等因素。而在农村，企业首要考虑的是服装是否价格实惠、质地优良。

同样地，不仅开实体店需要考虑用户的地区差异，在网上开店，也要考虑这一因素。这时，企业就要综合使用数据分析技术，借助后台信息处理数据，发现农村居民和城市居民在网上消费时的不同点。之后，根据他们各自的消费特点制订差异化的用户运营策略。

4.2.2 年龄

借助年龄层次的差异，运营人员可以快速进行用户划分。年龄不同，需求也就不同。以对音乐的需求为例，80 后、90 后与 00 后喜欢听的歌都会不一样，具体表现在对音乐的类型选择各不相同。由于不同年龄段的用户对音乐的需求不同、口味和类型不同，企业可以据此进行迅速划分，从而更科学地进行用户管理。

案例

网易云音乐迅速成为最流行的音乐 App 产品，与其独特的推荐功能密不可分。它的智能推荐虽然主要是依据歌曲的类型划分，但其中也多少含有年龄的成分。

例如，年龄较大的用户喜欢听经典老歌，于是智能推荐系统就会每天为他们推荐 10 首类似的经典老歌；00 后喜欢听酷炫、潮流的歌曲，相应地，智能推荐系统也会为他们推荐最流行、最时尚的新曲。

所以网易云的成功之处在于能够满足不同年龄段的群体对于音乐的不同需要。它能够做到老少皆宜，所以市场占有率就会很高。

因此，企业在做产品运营和用户运营时，一定要结合最先进的技术，综合考虑用户的年龄特征，智能地向他们推荐最适宜的产品。这样才会使用户满意，最终实现商品的销售和盈利。

4.2.3　消费能力

消费能力通常与收入能力密切相关。高消费人群使用的产品大都是比较高端的付费产品。他们比较追求产品的品质、档次、社会地位等。他们的消费观念一般比较前卫，消费能力也比较强。对于这类人群，企业在进行用户运营的时候，要注重宣传产品的特色，特别是产品富含的文化底蕴。这样，高消费人群就会眼前一亮，就会有购买的冲动。

低收入人群，一般青睐物美价廉的产品。因此，企业在进行用户运营的时候，要十分注重产品的实际功效，注重产品的超高性价比。这样低收入用户才会觉得实惠。常见的运营措施就是打折促销、买一送一、节假日优惠、限时优惠和会员营销等。

由此，企业要根据用户的消费能力进行科学的用户划分，从而制订合理的营销方案，最终促进企业产品的销售。

4.2.4　需求

互联网时代，创业公司都必须尊重用户，掌握用户的核心需求，这样才能利用新技术，实现产品的提升和颠覆，提升用户的使用体验。总之，用户需求是用户运营的根本。

同时，根据需求进行用户划分，也有助于产品的销售。

心理学上有一条著名的“马斯洛需求理论”。马斯洛把人的需求划分为五个层次，分别是生理需要、安全需要、社会需要、尊重需要和自我超越。

企业在进行用户运营的时候，也可以根据这五个层次对用户的消费心理进行划分。根据用户不同阶段的需求，制订不同的运营策略。当用户仍处于温饱阶段时，企业的营销策略就要偏重于物美价廉型；当用户处于小康阶段时，企业的营销策略就要偏向于情感尊重型；当用户的生活层次更高时，企业的营销理念则要更加凸显出个性。

具体来讲，互联网时代，发现用户的真实需求需要经过三个步骤，如图 4-4 所示。

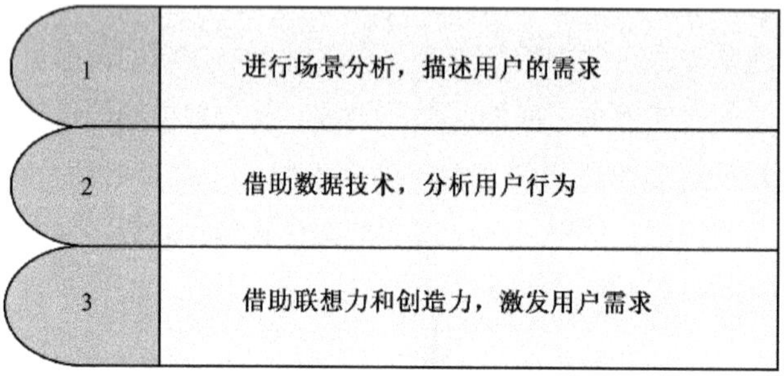

图 4-4　发现用户真实需求的三个步骤

首先，进行场景分析，描述用户的需求。

例如通过文档、画像和故事来直接形象地描述用户需求。场景分析需要结合用户的年龄、地域及行为进行全面整合。故事的描述，要具有文化底蕴，或者具有吸引力，或者具有丰富的内涵，这样才能够打造出产品卖点，从而引发用户需求。

其次，借助数据技术，分析用户行为。

企业不仅要采集用户的行为数据，还要通过智能技术优化用户的核心需求，进而根据用户的核心需求制订合理的运营方案。

这里以电商的数据分析为例进行说明。电商最核心的数据是转化率。为了知道最后的转化率数值，企业需要借助漏斗模型及相关公式进行层层转化。从用户触达阶段，到进入商品首页，再进入商品详情页，以至最终的付款，企业都要一步步地细分，最终找到影响转化率的原因，即影响用户买或不买商品的原因。然后，企业才能够对症下药，弥补产品的不足，满足用户的需求。

最后，借助联想力和创造力，激发用户需求。

用户需求的激发离不开头脑风暴。头脑风暴必须要借助联想力和创造力，这样才能产生足够多的创意。

案例

德芙巧克力以一句“下雨天和巧克力更配”深得用户喜欢。这种描述既满足了用户对浪漫心理的渴求，又提升了德芙的市场销量。这一句广告语就充分发挥了联想力和创造力。下雨天，天气较为阴冷，而巧克力是具有高热量的食品。在雨天，看到德芙巧克力就会感到一丝温暖，既浪漫，又实用，做到了文艺与商业的完美融合。

综上，用户运营人员要根据用户需求进行用户划分；在此基础上，深入实践，融入场景，借助技术，发挥想象力来挖掘出用户的真实需求，从而制订出合理的策略。

4.2.5 频率

用户运营人员要学会利用频率来对用户进行划分。具体来讲，可根据用户使用频率的高低将用户划分为初级用户、普通用户合高级用户。

用户的级别不同，企业采取的运营策略也要有所不同。

对于初级用户来讲，企业要尝试使用签到有礼的方法或者会员制度来促进用户的活跃度，不断激发他们的使用频率，让他们对产品、对我们的运营方式产生好感。

对于普通用户，企业也要采取措施，激发他们的使用频率。例如，建立等级制度。越高的等级会有越高的荣誉值和相应的优惠措施。

对于高级用户，企业则要给予至高的尊重。企业要积极与他们进行互动，满足他们的情感互动及交流的需要，同时要给予他们一些特权，让他们在成员中成为意见领袖，同时对他们引来的新用户，给予适当的物质奖励，从而形成良性循环，促使企业的用户运营越做越好。

4.3 用户需求的采集、提炼与验证

只有充分把握用户的核心需求，才能够更精准地描绘用户画像。用户需求也是产品设计的驱动力，所以用户运营人员必须掌握采集用户需求的方法，并且验证真实用户，最终促进用户的留存与产品的盈利。

4.3.1 用户需求：产品设计的驱动力

如今各种互联网产品之所以能够取得如此巨大的成功，就是因为满足了用户需求。因为互联网本身的传播速度和其社交属性，互联网产品的扩张可以不像传统产品那样需要大量的营销活动。

只要企业的产品满足了用户需求，就可以获得成功。要想使产品成为一个现象级的产品，企业就必须以用户需求为基础来设计产品。产品设计有三个环节，如图 4-5 所示。

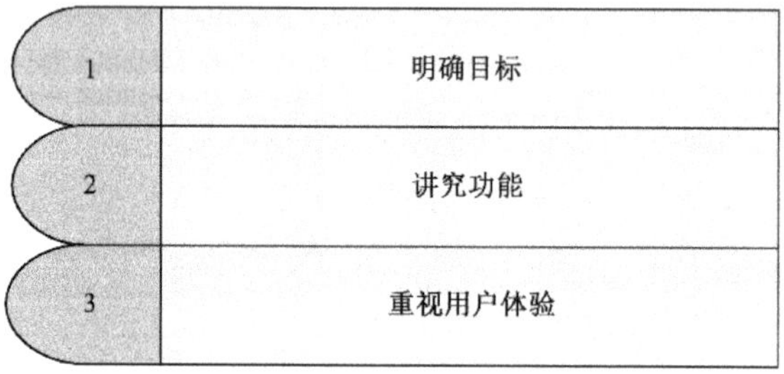

图 4-5 产品设计的三原则

首先，产品设计要明确目标。

企业设计产品首先要考虑的是产品主要做什么，有没有必要做。决策一旦发生错误，企业花费大量的人力、物力做出的东西也会是错误的。白白耗费很多成本，产品还无法取得成功，得不偿失。

企业只有以用户需求驱动为核心，才能做出正确的决策。当然企业还要判断这个需求到底是不是真正的用户需求。市场上很多产品的失败，都是由于没有去验证需求，而仅仅是一些主管的主观推测。验证需求的过程中一定要避免自我认知的影响，真实的需求不能来自主管的推断、对其他公司的模仿等，而是要通过大量的用户数据来验证。

企业应从以下三个方面来判断用户需求，决定是否做产品决策。

1. 需求的大小

怎样判定需求的大小呢？一般可以根据用户的属性、使用产品的频率进行判断。根据这两个数据通常可以把用户划分为三个等级，普通用户、目标用户和核心用户。频率越大，需求越大。而核心用户的需求企业都应该看作是大需求。需求大企业就做决策，需求小企业就可以舍弃。

2. 需求全过程

从需求分析的角度出发，企业可以将用户需求分为三个部分：需求的目的、需求的原因和需求的过程。目的体现的就是用户的表面需求，原因可以反映出用户的真实需求，过程是满足用户需求的所有流程和行为。企业做产品决策时也要看看需求的全过程是否被满足。如果满足的话就可以做决策，如果不满足的话就不做。

3. 需求一致性

通常情况下每个产品都要不断地进行迭代，以适应用户需求的变化。迭代一般意味着增加新的功能。而需求一致性指的就是企业增加的新功能能否满足用户需求。如果一致，就做产品决策，相反企业做产品决策就要谨慎。

只有满足了以上三个方面的条件，企业才能做出正确的决策。产品才有可能取得成功，才会有竞争力。

其次，产品设计要讲究功能。

每个产品都会有自己独特的功能，而产品功能设计的基础也是满足用户需求。一般可以把产品的功能分为两种：基础功能和核心功能。

同一种类型的不同产品，其竞争力强弱的关键就是核心功能。只要核心功能足够强大，能够满足用户的核心需求，产品就能脱颖而出。

核心功能的设计原则是分析用户需求，找到其中的关键点，然后进行开发和强化。基础功能虽说不是成败的关键，却是必不可少的。

最后，产品设计要重视用户体验。

如果说产品决策是产品设计的前提，功能设计是产品设计的核心或者硬件，那么用户体验就是产品设计的软件。企业要做的就是保证用户在获取需求的过程中感到开心、轻松和满足。

用户体验设计的内容包罗万象。无论是产品的理念、产品的外观、产品的功能，还是一些活动和规则，都要蕴含用户体验。用户体验设计的关键就是一定要以用户为中心，站在用户的角度看待产品。企业在设计产品的过程中，要把自己当成用户，全面感受用户使用产品时的感觉。

针对不同类型的产品，用户体验的设计也应不相同，但可以遵循以下两点原则。

1. 不强迫用户

在互联网时代，用户就是上帝。无论是下载、安装，还是卸载、消费，都是自由的。所以在用户体验设计中，企业要做到尊重用户、不强迫用户。除非是一些必要的用户行为规则，否则不要设计一些强迫性质的“选项”。如果用户感到被强迫做一些事情，那么其体验肯定是不好的。体验不好，用户就可能不再使用这款产品，甚至卸载产品。

2. 不要让用户思考

每个人都会有惰性，懒惰被列为人性七宗罪之一。所以企业产品的用户有时也会是懒惰的，很多时候甚至不愿意去思考。互联网产品发展的这几年，企业的产品也是为了让用户不需要过多地思考。无论是购物、出行还是吃饭，各种互联网产品都力求使用户更加方便。大多数情况下，用户对于产品的认知是只要懂得如何使用就行，而不会去思考其他的东西。所以企业在做用户体验设计时也要力求产品使用的简单化，不要让用户进行太多的思考。

4.3.2 常见的四种采集用户需求的方法

根据定性和定量的分析方式，可以将采集用户需求的方法分为四种，如图 4-6 所示。

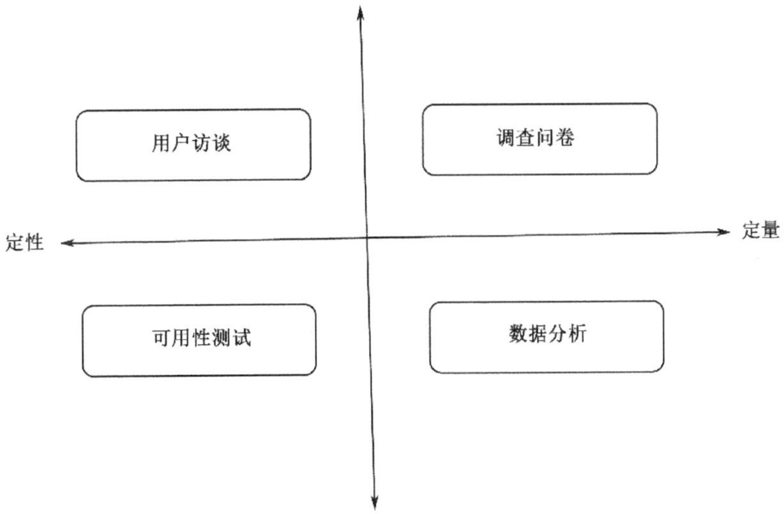

图 4-6　采集用户需求的四种方法

1. 用户访谈

用户访谈就是通过一对一或者一对多的形式和用户进行面对面的交流和沟通。在访谈中，通常需要了解用户主要的需求，然后请用户对各种需求进行优先级的排序，最后可以根据问题的改进措施向用户寻求意见。

用户访谈有很多优点，面对面的方式拉近了企业与用户之间的距离，企业可以根据问答的实际情况随时调整问题，以获得更全面真实的用户需求。而且用户访谈可以适用于所有人群，如果企业采用的其他方式太专业的话，如调查问卷里面的题目专业性太强，一些业余人士或者一些不识字的用户就无法填写。而通过用户访谈，就可以解决这一问题，企业可以跟他们进行解释，进行更深入的交流和沟通。

当然，用户访谈也有一些缺点。面谈的成本往往会大一些，双方需要就时间和适合的地点进行协商。而且，访谈人员在访谈过程中难免会带有一点主观性，有时会误导用户的观点，所以要多听少说，不要发表自己的看法或者去引导用户得到自己想要的观点。而且用户访谈耗费时间，通常访谈的用户数量有限，样本数量太少，可能导致最终的结果发生偏差，没有说服性，所以企业一般会兼顾采用其他方式，相互补充，使用户需求的调查结果更加全面可靠。

2. 调查问卷

调查问卷是一种定量研究法，一般通过线上或线下的方式向用户发放关于用户需求的调查问卷，来收集用户需求。通常的流程是设计调查问卷的大纲和问题，发放问卷，进行回收，最后对回收的问卷进行整理和分析，提炼出用户的需求。一般企业会在用户访谈之后，采用调查问卷方式进行补充。一般调查问卷设计的题目主要包括用户的需求及重要程度、用户对产品的满意度、用户对于产品改进建议的反馈等。

调查问卷的成本小，所以可以进行调查的样本数量大，通过大数据来验证用户需求，可靠性强。调查问卷比较客观，问题是封闭式的，可以避免用户访谈人员自身的主观性，不会诱导用户。但是调查问卷也可能因为用户的不配合，导致一些样本是无效的或者有偏差的。这时企业可以适当采取一些激励措施。例如，进行有奖调查等。

3. 可用性测试

企业通常会邀请一些忠实的用户使用产品，然后根据他们的使用情况和反馈结果，得出对该产品的用户需求。

可用性测试一般是现场观察，企业可以很直接地了解用户的使用情况及使用感受。与用户访谈一样，可行性测试也是一种定性研究法，所以不要引导用户，要尽量给他们一个安静舒适的使用环境。不要在中途打断用户，要多进行观察和倾听。当然，企业会在用户使用过后再与用户进行访谈。因为数量有限，企业要邀请有代表性的用户。测试前要告诉用户是测试产品而不是测试用户，减少他们的心理压力。

4. 数据分析

数据分析就是在产品中植入统计代码，可以通过产品的后台程序，得到用户的使用数据，然后根据数据分析用户需求。企业首先要确定的是想要得到哪方面的数据，然后再进行相对应的埋点统计。数据收集的数量要尽可能大一些，整理完数据后，要把统计结果进行量化，做出图表化的说明。

4.3.3 提炼用户需求的五种方式

用户需求的提炼一定是建立在用户需求获取的方式之上的。因为各种各样的原因，企业收集到的某些用户需求的数据是无效的或者是有偏差的，这时就需要从中进行提炼。

1. 市场调研

企业收集到自己产品的用户需求之后，可以了解到相关行业的市场需求。通过第三方发布的需求数据或者行业数据报告，可以分析出整个行业的市场需求。之后，再与企业之前收集的用户需求进行对比，从而提炼出真正的用户需求。

2. 数据筛选、提炼

首先，进行数据的清洗，优先舍弃掉胡乱填写的及无效的数据。其次，进行数据的整合，例如，把各种数据进行归类，对现行产品的满意情况、产品出现的问题、用户对产品的建议、用户需求的反馈等进行整合。最后，要把整理好的数据进行优先级的排序。例如，明确哪些是需要第一时间处理的，哪些是用户最重要的需求。经过层层的筛选和提炼，企业就能够得到最科学的数据，从而优化运营方式，提高运营效果。

3. 会议讨论法

会议讨论主要是从目标用户群中挑选一些有代表性的用户，以及一些业界专家，大家通过座谈会的方式各抒己见。

会议讨论的氛围要尽量自由、轻松，让大家畅所欲言。参与会议讨论的人数不要太多，一般控制在 10~20 人，同时时间不能太长，否则与会人员会感到疲倦，还耗费时间。会议讨论的问题尽量简单，问题数量也不可过多。

4. 竞争品分析

竞争品分析，就是对竞争对手的同类产品进行分析。我们定位到市场上的同类产品，对其功能设计及用户体验进行调查和分析，然后就可以推断出用户需求。另外，把竞争对手的产品与自己的产品进行对比，找出优势和劣势，并进行改进。

人们常说对手就是最好的镜子，可以帮助人们发现自己的不足。无论是产品的设计、功能、用户体验还是战略目标、运营方式，我们都可以取长补短。如今提炼用户需求、研发改进产品的成本越来越高，对于竞争对手的分析，也是一种快捷有效的方法。

5. 虚拟用户的想法

当设计出已经有核心功能的初始产品之后，就可以把自己当作用户，去感受产品的使用体验。根据自身对产品的使用情况，再与收集到的用户需求做对比，提炼出用户真正的需求。这一方式最需要注意的，就是一定要站在用户的角度看问题。只有把自己当作市场上的用户，才能得出最真实的感受。

4.3.4 验证真实用户需求的方式

当企业对用户需求的收集及提炼完成后，就要去验证用户的真实需求。这里通过几个案例来说明验证真实用户需求的方式。

1. 不要被既有方式束缚

很多人在初次使用优步时，都有一个疑问，觉得它的服务缺少预约环节。对于这个疑问，优步的管理者认为预约环节有着弊端。

案例

一个乘客需要在早上 6 点赶往机场，如果预约了一个司机的话，那么司机一般 5 点钟就得起床，之后把这个乘客送到机场，大概花了半个小时。做完这一单司机可以赚得 50 元，但是他却花费了一个半小时。这对于他来说是并不值得的，跟他平均每小时赚的钱不相符。那么他之后就可能会把起步价提高。而且到了机场之后，也很难刚好就预约到第二个人，这样他的效率就会很低。

2. 从用户角度出发思考问题

很多时候能否把产品做好，就看企业能不能把自己代入用户，站在用户的立场上去思考问题。

案例

360 董事长周鸿祎曾经举了一个例子，他的产品研发部为了外观漂亮，把路由器的天线做成内置的，但是这样路由器的信号很明显就会稍微差一些。而用户买路由器首先考虑的就是信号问题，而并不是外观。显然这个产品经理就是没有站在用户的角度考虑问题。

企业验证用户需求，就得放下自己的身段，不能觉得自己是专家，就可以做出各种假设：假设用户了解我们的想法，假设用户的需求就是这样的，假设这个功能是没有用的，等等，而是要换位思考，以用户的身份来验证。

3. 精益迭代

分答一开始没有去直接开发一款手机客户端，而是先在微信上开发了一个 H5 页面来测试用户的需求和市场情况。

案例

小米手机一开始也是通过精益迭代来验证用户需求的。小米刚开始在网上卖手机时，曾做了三天的测试。测试内容很简单，目标是每天只卖 200 部手机。结果发现市场销量很好。每天限定 200 部手机进行销售，是小米饥饿营销的起点，也正是这一模式牢牢地吸引了用户的眼光。

所以，企业刚开始的时候，可以先拿出一个简单的初始版本，来验证用户需求，测试用户的接受程度和市场的大小。

4. 考虑用户使用的场景

结合用户使用场景，满足用户需求，有利于提升用户的使用体验。

案例

莉莉丝游戏的CEO王信文最开始做了一款名为“赛艇小游”的移动端游戏。当初在设计这个“赛艇小游”时，左手边设计了一个虚拟摇杆，右手进行武器释放。用户使用之后没有快感，一直按着甚至会感到手累，所以这款游戏最终失败。经过用户使用反馈，王信文发现他没有充分考虑手机游戏触屏的特点。

用户使用场景的不同，是导致产品是否受欢迎的一个重要原因。为了验证用户需求，企业必须考虑各种用户不同的使用场景。

第5章

团队组建：组织架构与考核

产品运营的成功离不开高效的运营团队。因此，必须建立一支高效的运营团队。在团队组建过程中，必须建立完善的组织架构，以及科学量化的考核标准。高效运行的运营团队，能够快速吸引种子用户，精准捕捉用户需求，提升用户活跃度，使用户成为企业产品的忠实“粉丝”，最终促进产品走向成功。

5.1 从零搭建运营团队

许多公司走着走着，就发现后继无力，发现自己的运营团队成了一潭死水。众多小微公司的溃败，大都与缺乏高效的运营团队有关。如何从零搭建运营团队，如何通过团队运营，使产品的忠实用户越来越多，是非常重要的问题。本节将详细讲述运营团队的建设。

5.1.1 产品开发阶段便要引入运营角色

当今很多创业者对运营的理解有偏差。他们都在只有一个想法的时候，就开始进行创业并进行产品研发，却忽视了要组建运营团队。这种“先产品后运营”的模式有很多弊端，例如，产品研发后，没有很好的市场或者产品不能真正满足用户需求。

在产品开发阶段就引入运营角色，建立运营团队，能够有效地帮创业者规避这一风险。具体来讲，需要从以下两个方面入手来进行运营。

一方面，运营团队要主抓市场，了解用户需求。

首先，在产品研发过程中，运营团队要整理收集市场用户数据，分析用户对于产品的需求，根据用户需求对产品进行开发和改进。

其次，运营团队要了解竞争对手。所谓商场如战场，必须要知己知彼。运营团队若想在互联网商战中取得胜利，就必须了解竞争对手。了解的内容如下：他们的产品目标用户是哪类人？有哪些功能？用户体验怎么样？市场规模有多大？

最后，运营团队要综合比较竞争对手与自身企业的差异。发现竞争对手的优势，弥补企业产品的不足。同时继续保持企业产品的亮点，以此吸引更多的用户。

另一方面，要优先寻找种子用户并满足其需求。

不管产品是互联网巨头企业的新产品还是小公司的初创产品，都要考虑种子用户及其需求。否则，产品必然要走向失败。

产品刚出来的时候企业要寻找种子用户。很多产品的种子用户都是运营人员经过艰辛的努力才获取到的。

例如，滴滴在寻找种子用户时，也是一家又一家地寻找出租车公司，本以为免费服务会吸引很多公司，可是开始的时候总是吃闭门羹。最终，他们还是坚持了下来，获得了成功。

当今获取用户的渠道非常多元，但是企业还是要找到最初的种子用户，优化自己的产品功能，满足种子用户的需求。只有这样，种子用户才会主动帮企业宣传产品，促进口碑营销。

5.1.2 备受热捧的精益创业模式

精益创业这一创业理念是由美国作家埃里克·莱斯在他的作品《精益创业》中提出的。精益创业，是创业走向成功的关键。

企业通常不会把产品完全做出来后再来观察市场情况。因为开发一个完整的产品一般得花费大量的金钱，一旦用户对于产品的反馈不太好，企业就可能需要从头来过，这样就白白耗费了人力物力。

精益创业讲究流程和模式。具体如下：首先，进行产品细分，利用最少的资源，在最短的时间内，做出一个具备主要功能的初始产品；其次，邀请一些用户进行使用；最后，根据用户反馈再开发第二个版本，进行精益迭代。

精益创业如此受到热捧，正是源于它的三大优点：

一是快速。无论企业对于产品有什么想法，都必须最快速地把它展现出来。放掉其他的设计和功能，只把产品最主要的功能和特点呈现给用户。

二是低成本。以往传统模式下，产品研发不但时间长，而且耗费大量的人力和物力成本，可能有时候做出的产品甚至都没有市场。这样不但造成巨大的浪费，而且会极大地影响创业者的积极性。花费大量时间做出的产品无法取得成功，很多创业者或者团队成员会纷纷放弃，然而精益创业采用的“最小可用品”就可以有效减少成本的投入。

三是高成功率。虽然市场有风险，创业需谨慎，但也不是完全没有规律可循。只要企业从“最小可用品”出发，根据用户反馈不断地进行快速迭代，就能满足用户需求，吸引到越来越多的用户，企业就能成功。不要让产品研发人员“闭门造车”，而应积极地对用户进行调研，经过反复不断地测试和改进，产品肯定会越来越好，创业的成功率也会大大提升。

精益创业模式存在三大法宝，如图 5-1 所示。

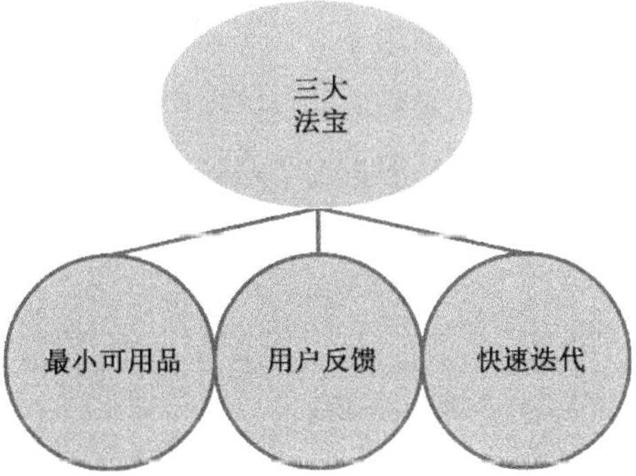

图 5-1 精益创业模式的三大法宝

1. 最小可用品

最小可用品的特点就是小和可用。小就是说产品比较简单，可用就是指产品可以使用，已经具备了主要功能。它的优势是节约成本，同时用户能够直接使用，感受到产品的主要特点，为我们进一步开拓市场做铺垫。

2. 用户反馈

初始产品上线后，企业就要及时地了解用户反馈。从用户反馈获取用户对于产品的意见。通过用户反馈企业可以了解到：用户对于产品的评价，产品的市场情况，产品功能中哪些是受欢迎的、哪些是用户不需要的，用户认为应该增加哪些功能等；我们可以通过现场观察和产品后台的数据统计来获得用户反馈。

对创业者而言，了解用户反馈就是获取数据，从而决定是否继续开发产品。所以没有用户反馈，就无法成功进行创业。

3. 快速迭代

“天下武功，唯快不破”，产品功能的更新迭代也讲究高效快速。在互联网时代，速度有时候确实是最重要的。在获取用户反馈之后，企业要根据用户的意见对产品做出改进。用户需求急剧变化，企业只有加快脚步才能满足用户需求。因此，通过快速的迭代来更新产品，而不是一步到位地开发出完善的产品，是精益创业的一个显著特点。

5.2 运营团队组织架构

建立层次清晰的运营团队组织架构，能够做到权责分明，从而保证各部门高效配合，最终为用户提供更好的服务。运营部门下设不同的分部，每一位运营人员要明确自己的岗位职责。同时，人事部也要积极为运营团队招募到最合适的运营人员。

5.2.1 运营团队组织架构详解

层次清晰的运营组织架构能使各部门高效配合，为用户提供更好的服务。运营团队的组织架构如图 5-2 所示。

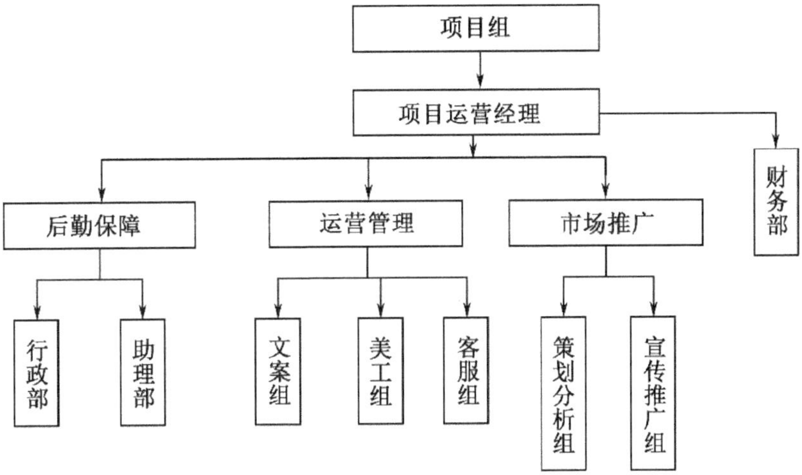

图 5–2　运营团队的组织架构

整个运营团队会有一个运营经理或者运营总监，下面会有三个部门，即后勤保障部、运营管理部门及市场推广部。每个部门都会有自己的主管。部门下细分到小组，分别负责不同的运营工作。

运营管理部门下设文案组、美工组及客服组三个分部。这些分部的运营人员，要各司其职，为产品设计出最适宜的广告宣传文案、最简洁酷炫的外观，为用户提供最优质的服务。

案例

vivo 和 OPPO 智能手机运营团队的文案组设计出的文案深得人心，促使手机迅速受到市场认可。例如，vivo 的“2000 万柔光双摄，照亮你的美”，这句广告词能够让爱美、爱自拍的女性瞬间爱上这款手机。另外，OPPO 智能手机的“充电五分钟，通话两小时”，能够迅速吸引商务人士。而且，OPPO 利用快充技术，也在实际使用中满足了用户快速充电的需求。务实的广告设计，使得步步高旗下的这两款智能机迅速在三四线城市火爆销售，成为用户最喜爱的智能手机品牌。

5.2.2　用户运营岗位职责

用户运营的职责主要还是围绕着拉新、留存、促活三要素来展开的。用户运营主要有以下五种岗位职责。

（1）整理收集用户的各项数据，分析用户行为与用户需求，为产品研发部门提供数据支持，推动产品的研发和改进。

（2）监控用户行为，维护品牌声誉。对目标用户进行分类，采取相应的运营方法。

（3）分析各种推广渠道获取的用户数量和质量，然后选择优质的推广渠道，加大投入。

（4）通过用户访谈、调查问卷、可行性分析、数据分析等采集用户需求，然后进行提炼和验证，构建精准的用户画像，确立目标用户。

（5）结合 AARRR 的数据模型理论，收集产品获取用户数、留存率、用户活跃度等指标，建立用户需求反馈系统。

5.2.3　怎样招到合适的运营人才

一个合适的运营人才应该具备什么样的条件呢？以运营主管为例，优秀的运营主管必须具备三个条件：有围绕用户的运营战略理念和运营目标，执行力强；熟悉市场上的运营规律，能制订、完善公司的运营制度；能协调各部门工作，管理运营团队。

企业根据运营岗位要求筛选完简历之后，要注重候选人的团队理念和个人目标是否与团队一致。所以在面试过程中，企业就要设计几个相对应的问题，来考核他们是否符合这一点。整个面试过程，都要让面试者有一种是在进行交流的感觉，而不是在进行面试。否则，他们就会像对待考官一样，努力去迎合企业的想法，去思索所谓的正确答案，而不是说出自己的观点和看法。

这里需要注意的是，在互联网时代，运营是以用户为中心的，与人进行沟通，所以学习能力和沟通能力很重要。很多员工能够达到企业要求的岗位职责并且有相关的经验，但是他们入职后仅仅能完成自己的工作，却很难再有进步。而一些没有经验的“小白”却会越来越出色，到最后有了全局的运营观念。究其根本，就是学习能力和心态的差距。

5.3　用户运营业务流程

用户运营要遵循科学规范的运营流程。要按照时间顺序依次开展用户运营。要在运营前开展充分的用户调研和市场调研，要在销售后对产品的使用状况开展充分的跟踪调查，要根据用户的反馈意见及时优化改善产品的性能。

5.3.1　用户运营工作流程五要素

用户运营主要的流程就是：发现问题→分析问题→找出解决方案→设定评价指标→方案执行，如图 5-3 所示。

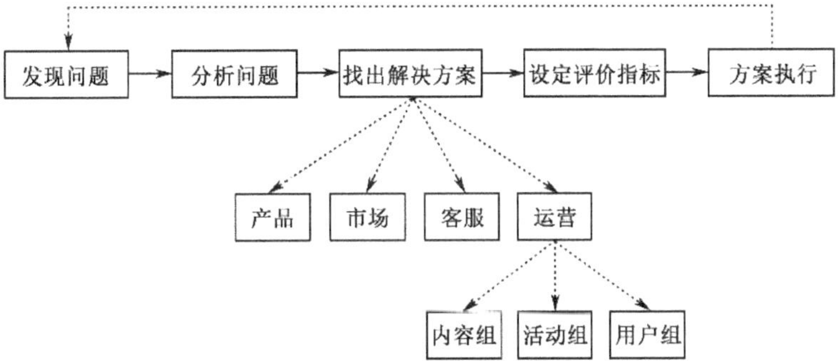

图 5–3　用户运营工作流程

用户运营的重点是企业的纵向层面。用户是产品的基础，在用户至上的时代，所有部门都要以用户为中心。同时，用户运营的工作要渗透到其他各部门的工作当中去。企业最重要的工作内容就是挖掘用户需求，让产品能够满足用户需求，获取到大量的用户。

在过去，很多人认为挖掘用户需求是产品研发部门的事情，而且大多数的企业是围绕着产品来运营的，以产品来带动运营。总是先推动产品的上市，之后如果市场表现不佳，再对产品进行改进或者直接舍弃掉这个产品。

这种仅仅依靠产品制胜的理念，使很多的初创企业难以成功。在产品竞争加剧、各种同类型的产品数不胜数的今天，只依靠产品而没有运营，很难取得成功。当今很多产品的成功都是因为有出色的运营服务。

因此，用户运营人员要共同努力，协调各部门工作内容和各部门间的工作联系，以及利用数据分析技术进行方案执行和评价监督，根据用户的各项指标对方案进行改进。

5.3.2 提前做好分工与人员安排

确定团队的组织架构、岗位职责之后，企业就要根据用户运营的工作流程，分析现阶段用户运营的工作目标，以及对需要的运营项目进行细分，提前做好人员和分工的安排。这里要注意以下三点。

1. 尽量把人数控制到最少

团队初建时期，团队人数可以少一些，只要满足一些必要的工作要求就好。团队规模小，人数少，人力成本也会降低。运营的内容、用户、活动等都可以根据实际情况控制人数，安排的人数只要能够把工作内容完成、工作流程跑顺即可。

互联网时代的企业已经不是靠员工人数取胜了，团队人数少，也可以发挥出巨大的作用。

2. 每个人的工作内容不重叠

合理的组织结构能够促进团队高效地运作。相反，内容重叠的组织结构则只会对各个部门和员工造成阻碍，导致效率的低下和对人力的耗费。所以，团队各成员的工作内容一定要有所区分，保证工作内容不重叠和工作流程的顺畅。

从纵向发展看，团队等级层次要分明，团队成员的管理要一一对应，不要出现一个员工两个主管的现象。在等级层次分明的团队中，成员易于明确自己的定位，有利于互相协作，共同发展。

团队刚开始创建时，尽量避免对同一个位置的竞争，要明确团队结构和成员分工，充分调动员工工作积极性。

3. 团队技能平衡

在运营过程中企业可能会遇到各种各样的问题，需采取各种相对应的措施，这时需要综合考虑各个团队成员擅长的工作。比如，有的人擅长做用户数据分析，有的人擅长做活动策划，有的人擅长做渠道推广，还有的人擅长做用户反馈，等等。平衡团队成员之间的技能，不仅能最大限度地发挥成员的个人价值，还能让团队弥补不足，在面对各种问题时都游刃有余。通常团队技能平衡的表现方式有新老搭配和男女搭配，这样团队的技能更加全面，综合素质也会更高。

5.4　用户运营人员考核要点

用户运营人员的考核关键在于界定运营工作的有效性，要利用多个指标对其进行综合考核，例如，用户运营人员的工作态度、工作热情及工作绩效等。

5.4.1　如何界定用户运营工作的有效性

用户运营是一个长期的行为，所以短时间内往往很难考核运营人员的工作成效。每当进行考核的时候，运营人员都会有点苦恼，甚至每周的工作报告中也没有什么亮眼的地方。很多运营人员抱怨工作难做，但是又不得不做。

不同类型的工作，其工作的内容也不同。不同部门的员工在进行沟通的时候会感觉很乏力，其中最大的问题，就是因为各自工作内容的不同导致他们的思维方式也会不同，在遇到问题时考虑的角度也会不同。

例如，技术研发人员的逻辑性比较强，财务人员就比较严谨、理性，销售人员的推销话术和语言组织能力很强，而运营人员的思维一般比较发散，实际操作能力比较强，空有理论往往是做不来的。那么，我们如何界定用户运营工作的有效性？

案例

江苏省徐州市一家企业推广使用的“223”工作法，有效提升了运营人员工作的有效性，其工作流程如图 5-4 所示。

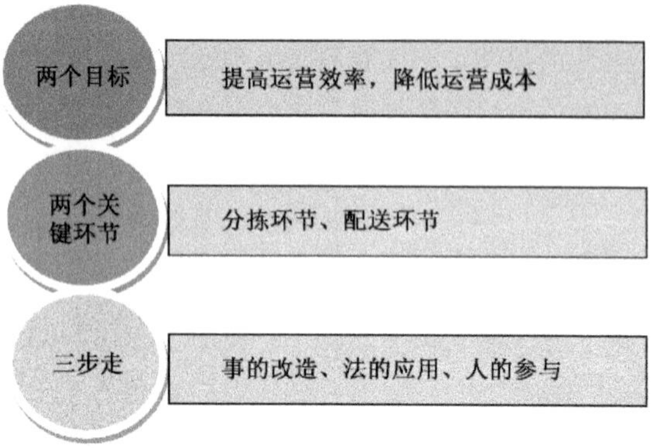

图 5-4 “223”工作法流程

所谓“223”工作法，即以提高运营效率和降低运营成本为目标；紧紧抓住分拣和配送两个关键环节；通过事的改造、法的应用、人的参与“三步走”，提升运营管理效果，降本增效。

因为用户运营工作的核心是用户至上，所以必须和用户打交道，和用户进行沟通，为用户做好服务，提升用户体验。因此对用户运营工作有效性的界定往往要看企业获取到了多少用户；在庞大的用户群里，企业可以服务多少、联系到多少、回应多少；企业召回了多少流失的用户等。

5.4.2 考核运营人员的六个维度

在对用户运营人员进行工作考核时，要从以下六个维度入手，分别是数据指标、工作表现、个人驱动力、工作的责任心和兴趣、数据意识和用户意识以及工作思路。

1. 数据指标

企业在考核运营人员的时候，需要把运营的工作内容进行量化，这样在进行工作总结的时候就有了数据依据。用数据指标说话，增强了企业绩效考核的真实性和可行性。

2. 工作表现

数据是死的，人是活的，数据中也不免存在造假行为。在考核运营人员的工作时，应尽量看他的长远目标，而不要只关注眼前的一点效果。

所以企业关注运营人员的工作表现，主要应包括以下几个部分：执行力、工作态度、价值观、团队意识和凝聚力、学习能力、用户观念、思维活跃性、沟通能力等。

3. 个人驱动力

这个维度其实不是主管或者企业对运营人员的考核，而是一种自我满足感，是自己对自己的肯定。很多时候，运营人员不仅仅需要他人对自己的肯定，还需要进行自我肯定。当运营人员觉得自己做得很好了，就会有自信，工作积极性也会提高。

往往这种特质也是企业对运营人员个人属性评价的一个重要因素。大多数运营人员都会有一种自豪感，他们会去寻求自我成就的感觉。

运营人员今天又拓展了几个用户、在平台上和几个用户进行了沟通、为用户解决了几个问题等，都可以成为自我考核的项目。虽然没有公司的奖金、主管的称赞和夸奖，但是运营人员对于自己的肯定所带来的效果往往是最好的。

4. 一个前提：培养对工作的责任心和兴趣

我们对于工作的热情往往也决定了我们工作的成果。我们对工作负责，工作才能对我们负责。我们有多少精力付出在了工作上，又付出了多少时间？对工作的兴趣是我们工作积极性的基础。

5. 两个意识：数据意识和用户意识

运营人员经常要收集分析用户数据，所以评价用户运营的工作能力，往往首先就是评价他是否是一个好的数据分析师。其次是用户意识。运营人员的工作就是以用户为中心，所以明确用户意识才能够有利于他们的运营工作。思考问题都要从用户角度出发，一切以用户需求为准。

6. 三个工作思路：多学习、多实践、多总结

学习能力往往是用户运营人员最重要的能力。相比于公司里的其他工作人员，用户运营人员需要更广阔的知识及更强大的学习能力。

几乎很难有人能胜任用户运营所有的工作范畴，大都是只负责其中的一部分。随着时代进步，用户的需求也越来越多，运营人员必须不断学习，才能更好地胜任这项工作。提高自身综合能力，能使用户运营做得更好，促进用户运营的可持续发展。

实践是检验真理的唯一标准。对于运营这个工作，目前能够系统地、科学地阐述的书籍很少，更何况是用户运营这个分支。很多对运营工作不了解的人认为用户运营很简单，就是每天跟用户聊天。但其实它的复杂性和专业性都很强，没有做过就没有发言权，就算空有很多理论，也只是纸上谈兵，真正做起来才会发现它蕴含很多东西。用户运营是一个讲求实践的工作，只有经过实践，才能了解用户运营，提高工作能力。

多进行总结也是提高运营人员能力的一个关键点。在用户运营的工作中，很多人会着眼于一些细小的工作，没有对整体运营进行总结和归纳。运营人员要经常对自己的工作进行总结，总结各种经验、教训及遇到的问题。这样不但可以提高运营能力，还能使运营人员在做工作报告的时候，对自己工作的总结更有条理性，同时，这也有助于对运营人员的工作进行考核。

第 6 章

如何运营冷启动期的种子用户

大多数的创业产品都会遇到“冷启动”这个问题，创业者都希望能在短时间内研发出产品，然后马上上线，以获取到大量的用户。然而在缺少资金、资源匮乏、产品不够精细的情况下，必须面临冷启动期。接下来就来探究如何在冷启动期获取种子用户。

6.1 什么是产品冷启动难题

无可否认，一款产品无论它的功能如何强大、外观如何漂亮，如果在冷启动期出现了问题，如选择了错误的目标用户，不仅会造成资源的极大浪费，还会使产品的运营方向出现严重偏差，最终导致运营的失败。

因此，在种子用户培养期间，企业要注重互动沟通，要积累口碑效应，要进行线上与线下的双运营，要积极进行运营方法的创新，只有这样，才能在冷启动期获得有效的种子用户。

6.1.1 从 0 到 1 的冷启动

事实上，在互联网时代，无论什么公司，刚开始创业的时候都会遇到“冷启动”的问题，即怎样找到第一批“种子用户”、怎样获取并运营“种子用户”。创业时研发的新产品由于没有任何的用户积累和经验，所以需要经历从 0 到 1 的用户获取过程，不可能像腾讯那样，无论开发出什么新产品，都会有通过 QQ 积累起来的庞大的用户作为基础。这时企业就要思考怎样实现从 0 到 1 的冷启动，怎样吸引第一批种子用户。

种子用户有两层含义：一层是“早”，另一层是“希望”。

“早”是指最早使用企业产品的用户，这些用户会对新产品感兴趣，怀着试一试的心态去使用产品。“希望”是指种子用户在使用过产品之后，感觉非常好，他们就会自发地帮助企业宣传，吸引到更多的用户。种子用户也是企业产品改进的主要来源依据。

其实，任何新产品都会面临从 0 到 1 的冷启动，一些大企业可以把原先积累的用户导入到新产品中去，这样可在一定程度上避免这个问题，但如果盲目地导入用户也不一定能成功。

6.1.2 冷启动时期的注意事项

任何产品在进行冷启动时，都需要注意以下八大事项。

1. 冷启动的热内容

热内容根据目的通常可以分为两类：一类是通过文案向用户介绍产品来吸引用户。运营人员或者产品创始人，在产品刚发布之时经常会向用户讲解产品的主要功能和设计，但是很多用户完全不感兴趣，他们会觉得跟市场上已经存在的某产品没有什么区别，之后就会对产品的特色产生怀疑。另一类就是在产品宣传和推广时找准了宣传渠道。在广告内容形式越来越多样化、制作技术越来越先进、成本越来越低的时代，很多内容都是专业生产内容（PGC），广撒网模式已经被逐步放弃，而是开始进行精准营销。

案例

“半米孕期专家”是一个孕期指导和咨询类 App，在早期的宣传中，运营者制作了一个动画教程来说明 App，然后他们把产品放到了各大视频网站上，最终收获了几千万的播放量，如图 6-1 所示。

图 6-1　“半米孕期专家”播放量示意

2. 渠道专注和发散

渠道专注是指企业不仅仅要通过扩大推广渠道来获取种子用户，还要通过提升服务的深度来吸引用户。

总之，在进行渠道推广时，既要保量又要保质。例如，蝉游记是一款可制作游记和旅游攻略的产品。一方面，蝉游记利用自己独特的技术，通过微博来寻找目标用户，进行模拟沟通，找到用户数量和质量的平衡点；另一方面，在使用时，用户需要上传旅游日记，这就是对用户质量的筛选。

如果找不到保证数量和质量的种子用户的营销渠道，那么就说明用户对于产品没有足够的需求，或者产品的运营出了问题。

渠道发散指的是寻求合作，找到拥有企业目标用户的机构组织。通过资源合作来获取企业的用户，甚至可以通过合作组织来帮企业宣传。

案例

“车到加油”是一个为车辆在加油站加油提供服务的应用程序。在产品刚上线时，只有下单和支付两个功能。借助便捷的服务，产品获取到了大量用户，然而运营人员发现订单量的增长速度并没有提升，因为用户不会为了方便就多给车辆加油。后来，运营人员就寻求与加油站合作，推出加油优惠政策，加油站为了经济利益会自发帮助产品做宣传，同时他们自己的销量也会提高。

3. 快速试错

在冷启动时期，企业也会因为跟风、渠道选择错误、对转化率认识不足等问题，在产品的前期运营中出现严重的错误。但错误不可怕，可怕的是不能快速从错误中吸取教训，找到成长的经验。

在运营中快速试错后，必须要经过一段时间的运营，了解清楚用户的特点之后再去改进，而不是感觉今天效果不佳，明天就更换渠道。

4. 明确启动阵地

产品研发出来之后就需要选择运营阵地，包括产品自身、微信群、各种新媒体和线下活动等。每个阵地都有独特的属性，大多数情况下只选择一个主要的运营阵地，其余的作为辅助使用。市场调查研究表明，一般处于一个层级的用户只主要适用于其中一个渠道，比如同类用户不会在QQ群和微信群都保持活跃。

5. 快速提供价值

用户一般不会无偿自愿地为企业测试产品，想要寻找种子用户，必须满足他们的需求。

满足种子用户的需求，就需要产品具有独特的价值。另外，企业可以在产品还没有上线时，通过举办活动、预告上线时间及设立优先资格等方式来进行产品的宣传；同时及时对用户发出邀约，这样便能够极大地减少用户快速上手使用产品的时间。

6. 用户转化

种子用户是基础用户，企业必须要注重种子用户的导入机制和转化效率。这里需要注意以下几个问题。

（1）时间节点规划：在用户对产品的需求最大的时候，进行种子用户的转化。

（2）营销组合：做好产品发布之前的预约活动和发布之后的营销活动，扩大目标用户范围，通过各种活动导入和吸引用户。

（3）渠道共鸣：在各种渠道上做好宣传，并重视渠道之间的联系，使各种渠道能够互相响应造势。

不同的用户获取方法，其对应转化措施也不一样，然而最终的转化效果还是取决于冷启动期的运营策略。

7. 用户传播

用户传播是获取用户的重要方式之一，它是产品与运营共同作用的结果。

传播因素可以分为三个方面，一是产品满足了用户需求，用户自发地传播；二是优惠活动或者是邀请奖励，引发用户分享；最后是单点引爆。前两种用户传播伴随传统产品的运营产生，最后一种用户传播则需要借助事件营销的表现方式。

8. 产品迭代

首先，宣传理念要与产品的运营阵地相搭配，要与产品的特点相吻合。这就需要积极寻找用户需求和用户属性，在改进产品的过程中体现产品特色和差异化。

其次，产品版本的研发周期和发布日期要与冷启动的周期相呼应。

最后，产品功能上线的次序设计要合理。用户深度依赖的功能和业务可以不用太早发布，时间太早的话不但运营效果不佳，而且会增加开发成本。

6.2 找到最初的种子用户

种子用户是产品运营的希望，找到最初的种子用户，不断地进行培养，才能使种子用户发芽，成长为最忠实的“粉丝”用户。种子用户有许多特点，例如活跃度高、对产品感兴趣、总是能够提供优质的反馈意见等。获得种子用户也有章法可循，目前常用的有五种方法，木节将对其进行详细讲述。

6.2.1 为什么需要种子用户

一款产品不管它的功能怎么强大，外观怎么漂亮，如果在“冷启动”期的运营出了问题，选择了错误的种子用户，不仅会使产品的运营方向出现偏差，而且还容易造成资源的极大浪费。更重要的是，一旦用户选择出现失误，企业就无法根据用户反馈去对产品进行改进，满足用户需求。而且一般情况下初始版本的产品都会存在大量的问题，早期选择的错误用户可能会继续引入用户，这样很可能就会一步一步错下去。

所以，企业就需要采取各种方法去获取高质量的种子用户。种子用户从表面上看就是可以“发芽”的用户，这样的用户拥有长成参天大树的潜力。

种子用户大都有一定的号召力和话语权。他们通过口碑传播的方式，可以为企业获取到更多的用户，这样有利于培养铁杆用户和“粉丝”用户。同时，种子用户还能为产品的改进和迭代提供良好的反馈意见。

6.2.2 理想的种子用户长什么样

什么样的用户才是理想的种子用户呢？

首先，种子用户不等于初始用户。

企业在选择种子用户的时候要有一套评价依据。要从用户群中选择有一定话语权的、活跃度比较高的用户作为种子用户。

其次，种子用户的质量比数量重要。

企业对种子用户自身的属性和质量要进行把控。用户的属性要符合产品的特性，种子用户要有足够的影响到目标用户群的影响力。

对于种子用户来说，企业往往更应追求其质量，少而精的种子用户是一件好事。相反，如果只注重数量，那么就会有很多低质量的用户，反而会阻碍产品性格的塑造。低质量的用户一多，质量比较高的种子用户对产品的认知就会发生偏差，甚至会导致种子用户的流失。简而言之，企业的目标是要获取到优质的种子用户，而不是追求注册用户的数量。

最后，种子用户能够提供产品反馈建议。

高质量的种子用户，不仅活跃度会非常高，还会提升企业产品的用户流量。另外，种子用户还可以经常对产品进行反馈，提出自己的问题和意见，促使产品研发人员对产品不断进行改进和调整，帮助产品快速迭代。而且，优秀的种子用户大多会成为产品的忠实“粉丝”，他们反馈的内容大都是有质量的。

6.2.3 获得种子用户的五种方法

获得种子用户也有章法可循，目前常用的有五种方法，分别是“杀熟”策略，利用已有资源获取种子用户；利用名人效应发起赞助活动；邀请模式打造口碑，吸引种子用户；马甲运营；交叉推广。

1. “杀熟”策略，利用已有资源获取种子用户

这种方法适用于之前已经积累了大量用户的团队，或者团队已有强大的人脉关系和朋友圈。

最著名的就是腾讯公司。腾讯凭借其强大的 QQ 用户资源，无论是开发什么产品，都几乎可以把 QQ 上的用户引入。此外，还可以通过人脉关系和朋友圈，把亲朋好友发展成为种子用户。

案例

淘拍拍是一个垂直的摄影平台。如今，平台已有上千位摄影师入驻，主要为用户提供在线预约拍摄服务。

淘拍拍 CEO 王宁说：“一个千人群，发一次链接平均下来可以带来 50 多次下载。”最终淘拍拍在初期获得了将近 4000 的种子用户。

同时，在种子期，淘拍拍运营人员经常在自己的社交群里发布不同的修饰性图片，然后询问大家对照片的看法，如果有人感兴趣，就可以进行下一步的引导，最终把这些人发展为淘拍拍的种子用户。

综上，“杀熟”策略的目标群体是熟人。因为企业对他们比较熟悉，所以能够降低企业筛选和发展种子用户的难度。

2. 利用名人效应发起赞助活动

这种方法其实是利用名人来造势，通过明星、意见领袖和行业名人来帮助自己宣传，利用名人的影响力来吸引普通用户。但是发展这些名人大佬通常需要投入很多的资金和时间，适用于有广阔的人脉资源和强大的经济实力的公司。

案例

新浪博客最初也是通过自己的人脉关系拓展了很多明星、行业名人开通博客，有些甚至是通过高价邀请。知乎由于具有一定的专业性，一开始邀请了很多行业名人和企业大佬，如李开复、雷军、马化腾等。后来的微博、美拍也都是借助名人效应来拉拢用户。

靠拓展名人用户来为自己造势宣传时要注意，名人自身的属性特点必须与产品的类型相符合，赞助活动也要考虑名人与产品的联系。

3. 邀请模式打造口碑，吸引种子用户

这方面最有代表性的产品就是知乎和糗事百科，它们一开始都应用了邀请码的机制来获取种子用户。邀请码通常只会发给少数人，所以人们会感觉非常稀缺。通常人们的潜意识会认为东西越少越好，越是稀缺质量越好，这样就会引发用户的好奇心。

由于邀请码数量有限，只能使用一次，而且还有有效期，通常会出现“一码难求”的情况，有些人甚至会通过各种渠道购买，比如淘宝上就有很多卖邀请码的商家。所以人们一旦获得邀请码，就会很珍惜这次使用机会，他们使用产品时会更有热情，可能还会帮助企业进行传播。

但是，通过邀请机制来获取种子用户也有一个前提，就是产品本身要足够好。如果产品没有满足这些用户，他们对于产品的评价可能会更低。因为在辛苦获得邀请码时，他们的好奇心和期望值正是最高的时候，一旦产品没有达到预期，心情就会一落千丈。也就是说，付出与回报是不对称的。

4. 马甲运营

马甲运营是指运营人员自己注册一个账号，或者把自己伪装成一个用户然后去与其他用户进行互动，向他们推荐这款产品。

小米手机在研发他们的操作系统 MIUI（米柚）时，用的就是马甲运营的方式，如图 6-2 所示。

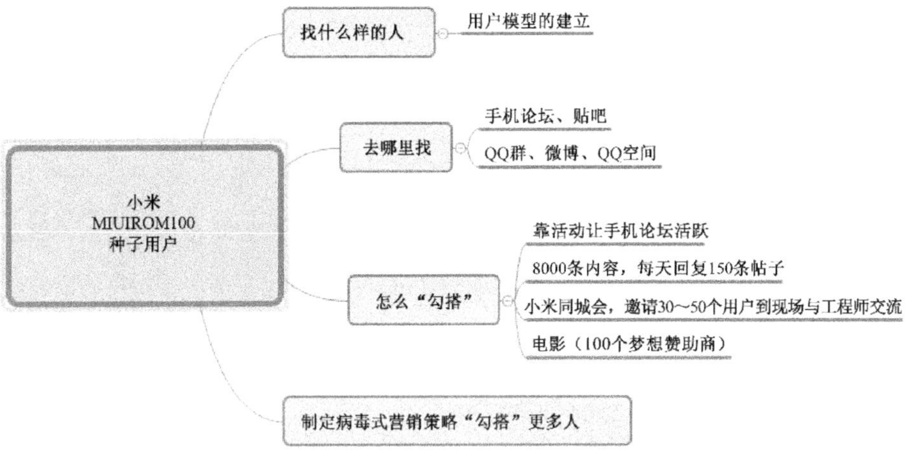

图 6–2　小米的“马甲运营”模式

“马甲运营”的具体内容如下：小米联合创始人黎万强当时让下属注册了上百个账户，每天在各大论坛社区进行宣传，寻找用户，最终他们从中挑选了 100 个种子用户，参与 MIUI 系统的研发和使用反馈等工作。

马甲运营模式是把自己伪装成用户，通过写一些关于产品的特点和优势的高质量内容进行宣传，能够进行积极的交流，促进产品销售。

虽然马甲运营带有一些诱导性，但是对于初创人员来说，这确实是一种很有效的获取种子用户的方法。

5. 交叉推广

交叉推广就是产品之间的互相推广。很多游戏类 App 会通过这种方式来获取种子用户，这样可以增加自己产品的曝光率，吸引用户。

现在很多手机应用都有被称作“应用推荐”的服务项目，此外很多游戏界面上会有一些其他游戏的广告或者相关推荐。

在通过这种方式来寻找种子用户时需要注意，交叉推广的产品一定要属性类似或者相互关联。

6.3 种子用户运营要点

在冷启动期进行种子用户运营时，离不开大量的用户沟通和及时的用户反馈，产品的功能及性价比要满足用户超预期的需求。另外，也需要积极布局线下，建立高效的用户链接。

6.3.1 大量沟通，及时处理反馈

通常来说，如果运营人员能与用户进行一对一的沟通，用户就会感觉受到了重视，这样用户就会更加积极主动地使用产品。与用户进行有效沟通，对用户的反馈信息进行及时处理，用户就会感觉产品服务很人性化。

重要的是，在冷启动期进行种子用户运营时，运营人员要注意话语话术的表达，要提高自身的沟通能力。

小米在进行初期种子用户运营时，就十分注重与“粉丝”的沟通互动。在小米论坛里，用户可能只是随意地反馈一下，然而小米却非常重视。这无疑会带给用户一种被认可的感觉，“米粉”自身也会有一种荣誉感。而且无论是什么样的用户问题，不管用户是对产品进行批评还是提出意见建议，小米要求运营人员必须在一天内做出回复，三天必须处理反馈的跟进。

正是因为小米能够及时做出对用户反馈的处理，小米的种子用户才会有一种尊重感和参与感，才会积极帮助小米进行宣传。经过长期的发展和良性的循环，小米最终有了庞大的“米粉”群。

6.3.2 超预期才有口碑

什么是口碑营销？产品质量好就一定有口碑吗？口碑营销的要素有三个，如图 6-3 所示。

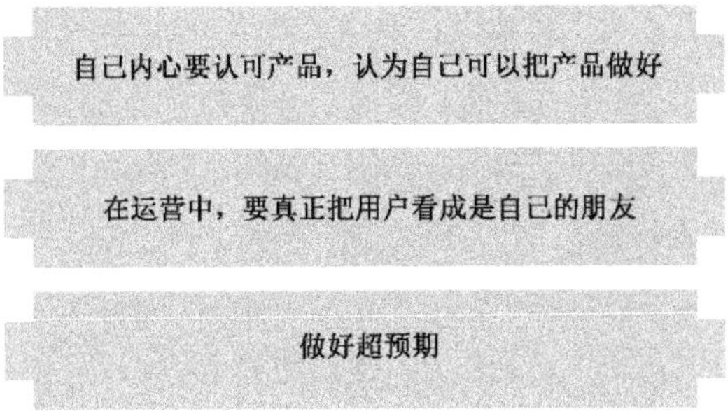

图 6–3　口碑营销的三个要素

第一，自己内心要认可产品，认为自己可以把产品做好。

第二，在运营中，要真正把用户看成是自己的朋友。

第三，做好超预期。只有超预期，用户才会称赞企业的产品，才会积极地为企业做宣传，才会产生口碑效应。

案例

小米创始人雷军认为，要想产生口碑必须让用户有超预期的体验。

小米手机的营销和运营都有自己独特的方式。三年创造销量第一的小米当时成为行业里讨论的热点。

雷军曾经把它归结为口碑营销的功劳。对于小米手机的口碑营销，雷军曾数次说是从海底捞的服务中得到启发的。有一次雷军去海底捞吃火锅，一位中年妇女在做服务员，她笑得那么真挚，可以感受到她对这份工作的热爱。

雷军说："看到海底捞服务员，我就问她，你为什么喜欢海底捞？"

她对我说："大哥，我是下岗女工，没有人管我，海底捞一个月给我四千块，这是我们家祖坟冒青烟啊！"

因此雷军认为，不是又好又便宜的东西有口碑，是超预期的东西才有口碑。

案例

虾米音乐在进行初期用户运营时，也十分注重用户的体验，力图打造完美的超预期体验。

虾米音乐在早期运营种子用户时，其中一个用户经常在知乎和豆瓣上发帖，从中吸引了很多用户。这个用户曾在知乎上说，自己写的文案经常被挂在网站首页上，而且虾米的运营人员还和他见了面，吃饭聊天，送纪念品。虾米的大佬还亲自和他沟通，每次他发表了内容，运营人员也会对他进行表扬。

由于企业对用户的承诺或者服务超预期，这样用户就会有一种归属感，发帖也会更加积极，为产品进行口碑宣传。

6.3.3 线下同样建立强链接

产品的种子用户间具有相似性，企业可以举办一些关于产品的线下活动，把种子用户聚集在一起，加深情感交流，面对面地了解种子用户的想法。这样有利于企业对种子用户的维护，促进产品的改进，同时可以在彼此之间建立起比较强的链接。

企业在设计活动邀请函时也可以有一些独特的设计，让每一位种子用户都拥有属于自己的邀请函，感觉到活动的诚意，这样种子用户自己也会有一种自豪感，也会自发地在社交平台上为活动做宣传。

具体来讲，通过线下活动建立强链接也需要讲究方法和技巧，如图 6-4 所示。

第一，线下活动要充分调动铁杆“粉丝”的积极性。

任何社群中都会存在铁杆“粉丝”和一般的用户群体。铁杆“粉丝”虽然在数量上只占全员的 20%左右，但是他们却创造了 80%的效益，而且这 80%的效益不仅仅是物质效益，还有活跃效益。

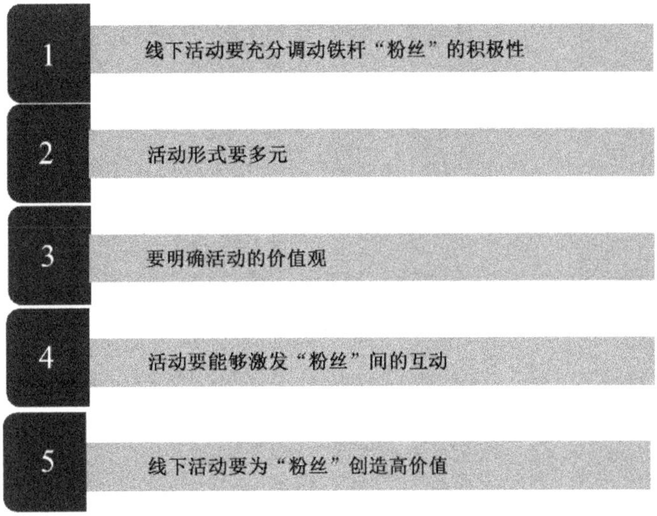

图 6–4　线下活动增加“粉丝”强链接的方式

铁杆“粉丝”具有超强的活跃性和带动效果。在组织线下活动时，要优先调动这类人的积极性，这样才能够把社群里面的“粉丝”凝聚起来。调动铁杆“粉丝”的积极性也要讲究方法，如给予物质奖励和精神奖励等。例如，如果此次线下活动达到了预期，可给予铁杆“粉丝”20%的分成，或者授予他们相应的荣誉勋章，或者给他们相应的优惠。

第二，活动形式要多元。

每一个社群的特征与喜好都有差异。所以在进行线下活动时，需要别具匠心，需要去设计符合群的调性的方案。

具体来讲，要有的放矢。例如，相同的产品设计不同的包装；不同的时间进行不同的宣传设计，这样才会增加活动的新鲜感，提高“粉丝”的活跃性。

第三，要明确活动的价值观。

线下活动要讲究奉献、讲究分享，还要注重积极参与。

同一个社群的成员也具有流动性。企业要把不符合企业价值观的“粉丝”清理掉，维护群的纯洁性。例如定时清除那些三观不正、恶意诽谤产品、诽谤企业活动的群成员，把企业的“死粉”与“僵粉”保留下来，并提高他们的活跃性，让他们来宣传企业的价值观，并带动企业的线下活动。这样，企业的线下活动才能达到应有的效果。

第四，活动要能够激发“粉丝”间的互动。

“粉丝”之间的关系本来就属于弱关系和弱链接。线上活动具有虚拟性，“粉丝”间也只是知道网名，以及在网上的兴趣爱好。对于他们真实的姓名、样貌及现实生活中的习性彼此完全不知晓。

在举办线下活动时，用户运营人员可以把同城的“粉丝”召集到一起，增加他们在生活中的互动性，而且要定时举办线下活动，最终让相同地域的“粉丝”有强烈的互动联系。长此以往，线下活动的举办也会有更强的实际意义与效果。

第五，线下活动要为“粉丝”创造高价值。

在举办线下活动时，要关心“粉丝”，要倾听“粉丝”的心声，挖掘“粉丝”的痛点与需求点，为他们创造价值。

社群“粉丝”最在意的是社交娱乐、参与感与归属感。另外在线下活动中，我们要采取相应的优惠措施，让“粉丝”得到实际的金钱利益或者各项优惠。这样“粉丝”的活跃度才会高，才会为企业做宣传。只有企业的活动为“粉丝”创造价值，“粉丝”才会给企业的运营带来更多惊喜。

6.4 种子期要重点关注的三项指标

种子期就是企业产品发布之后获取种子用户的阶段。企业研发产品最忌讳的就是直接设计一大堆功能，然后把剩余事情都交给运营人员，认为如果用户数量没有增加就是运营人员的问题。在种子期满足用户需求，才是产品成功的关键。这时企业要关注三个指标：网络效应密度、内容增加度及访问频度。

6.4.1 网络效应密度

网络效应密度，就是固定周期内用户分享达到的链接分享数量。链接分享数量越高，网络效应密度就越大，反之则越小。网络效应密度越大，种子用户的存活率也就越高，也就越容易发展成为忠实用户。如今，网络效应密度已经成为种子期发展用户必不可少的参考数据。

案例

Facebook 曾经做过一项测试。如果用户一星期可以添加 5 个以上的好友，那么他们的留存率则是其他用户的 3~5 倍，所以 5 个好友就是一个关键数字。之后他们就根据这个结论开始设计增加用户社交的功能，让新用户一周内可以添加 5 个好友，之后网站的用户数量果然在稳步增长。

企业在进行用户运营的时候，也要注意网络效应密度，注重利用物质奖励或者精神奖励的方法，鼓励种子用户多发链接，多做分享。这样，企业的产品才会在网络上有更好的宣传，用户数量也会越来越多，最终达到双赢的效果。

6.4.2 内容增加度

内容增加度，就是种子用户在关注企业的产品后，在一定时期内关注他的人群增加了多少或者他又增加了多少关注者。

在一定周期内，用户被关注的次数越多，心中的自豪感也就越强；同时，他关注的人群越多，他对产品的依恋度也就越高。

案例

Twitter 在 2006 年推出之后，一直广受关注，获取了大量的用户。但 2009 年，Twitter 却出现了用户流失的问题。在最严重的时期，用户流失率上升到了 75%。

针对这一现象，大多数运营人员想到的都是分析用户流失的原因，从而找出解决问题的措施。可是，当时的用户运营负责人 Josh Elman 却反其道而行之。

他并没有去分析流失掉的用户为何会走，而是让团队成员去分析留下的用户为什么没有走。结果他们也发现了一个魔法数字 30，即留下来的用户关注其他用户的数量都达到了 30 及以上。

之后 Twitter 团队就对自己的产品做出了改进。用户在第一次注册后会有一个推荐关注的服务，这样就可以很方便地让用户提升自己的关注量，最终 Twitter 流失率也相应下降了。

类似地，国内的新浪微博等社交产品也会在用户首次注册的时候推荐一些相关的名人大 V。

例如，我们想要使用一款软件来炒股。在注册完产品之后我们肯定要添加几只想要购买的股票，并且后续我们就会经常关注那几只股票的涨跌情况。这样我们就会一直使用产品，留在产品里，成为一名留存用户。

但是，对于一个新手来讲，他们往往难以自己选择股票。这时候就需要运营人员去收集整理用户的留存率数据，分析出用户在添加了几只股票之后，用户留存率可以得到提升。之后，根据这个数字去改进产品的股票推荐功能。起初，可以为新手推荐几只股票，或者对他们的股票选择行为进行引导。

通过设置内容增加度，可以借助数据的方式，让用户清晰地了解自己在用户群中的地位。用户关注数据的增加也可以逐渐提升用户对产品的情感与依恋度。

6.4.3 访问频度

访问频度，是人们生活中常见的指标数字。可以通过提供优惠的方式促进用户对产品的关注，从而提高用户的访问频度。

很多银行会规定信用卡年内消费达到几次可免年费，或者一个月内消费几次，会有什么样的优惠。还有一些餐厅会举办一些免单活动，只需要办理会员卡，然后充值多少额度的金额，就能进行免单消费。

种子期是企业产品发展的初始阶段，往往需要企业想方设法地获取种子用户，留存种子用户。这时运营人员就需要关注这三项数据，找到关键数字，这样才能提高用户留存率，进而促进企业进一步改进产品。

第 7 章

拉新：把规模做起来

拉新就是为企业的产品带来新的用户。用户是企业产品的生命源泉，他们能给产品带来生命力，使产品具有更大的价值。用户拉新的方式和途径是多种多样的，可以根据自己产品的定位群体有的放矢地进行渠道推广。

用户拉新也需要遵循规律，例如，企业要时刻关注数据的变化过程，要持续降低用户获取产品信息的成本，还要不断优化运营方式。只有这样，企业才能越做越大，取得规模效应。

7.1 常见的用户拉新方式

拉新，即拉来新的用户，在用户运营过程中这是一个非常重要的环节。用户拉新，需要注重产品注册流程的简化和优化，需要掌握科学的拉新方法。本节将具体介绍用户拉新的方式，让企业的新用户如活水一般源源涌来。

7.1.1 用户运营三要素：拉新、留存、促活

想要做好用户运营，就必须要了解用户运营的三要素，如图 7-1 所示，然后分别从这三个要素去分析如何把用户运营做起来。

图 7-1　用户运营三要素

单从运营来说要做的事情有很多，运营人员既要写文章、做策划，还要推送消息、收集数据。但这些工作其实都是包含在用户运营的三要素之中的。用户运营是运营的一种方式，下面来讲一下用户运营的三要素。

1. 拉新

拉新就是为产品带来新的用户，用户是产品的生命源泉，能让产品产生极大的价值。要想用产品吸引更多的新用户，可以采用很多方法。拉新这个行为是有导向性的，运营人员要时刻关注数据的变化过程，不断优化运营方式，还要降低用户得到和使用产品的成本。

2. 留存

留存是指使用各种方法让拉来的用户留下来，并且愿意与企业长期合作交流。用户减少或者不再使用企业的产品肯定是有原因的，既有可能是运营者没有找准自己的目标客户，也有可能是用户觉得产品体验太过糟糕。无论原因是什么，都要从企业自身出发找问题，同时也要找出用户离开的原因，并想办法解决。

找出用户离开的原因，再通过数据分析、与其他相似产品进行对比，采用一对一用户访谈的方式，了解他们的使用障碍和离开的原因，做好后期观测工作。

提升用户留存率的方式有很多，比如在公众号发布用户感兴趣的文章，文章的内容要从用户的角度出发，考虑用户的利益，并且言之有物。

用户不会什么事都记得，特别是那些不经常出现在他们面前的事物。想要让用户想起你，就要经常出现在他们眼前，比如用公众号、短信或邮件的方式适时提醒他们关注。此外，为用户推送一些与产品相关的文章也是保持用户活跃度的一种好方法，但是要把握好度，既不要频繁地重复推送惹人厌烦，又要让用户乐此不疲地阅读你的文章，因此文章的质量显得尤为重要。

在运营过程中，运营人员还要经常与用户互动，当用户在后台留言时，要及时回复，回复的内容也要轻松活泼，这样做用户才会更愿意长期留下来。

3. 促活

促活就是通过用户的活跃度来看产品的活跃度，首先就是要让客户觉得产品是有价值的，至少是有使用价值的。当然，如果企业能让用户自己付费的话，对于产品活跃度来说更加有效，因为当用户付出了代价时，就会产生一种必须使用该产品来弥补的心理，自己会经常关注，这种方法对产品的长期发展也是有效的。

7.1.2　新用户注册流程要最简化

当我们打开一个全新的网站时，经常会被提醒“请先注册，再进行下一步”。遇到这种情况我们通常都会觉得不耐烦，但又因为这个网站里的内容吸引着我们，不得不耐下心来注册；又或者是我们就是要在这个网站注册一个账号，以此来达到我们留在这个网站学习知识或是观看视频的目的。

不论是以上哪种情况，我们都要注意在新用户注册网站或者客户端时，一定要把注册流程最简化，即使是有一些必要的步骤需要用户完成，也一定尽可能地把问题减到最少，或者分为多次填写。

曾有专家做过有关“等待耐心”的测试：当人们在马路上等待红灯时，等到一分钟的时候就会开始不耐烦；等到一分半的时候，就会开始表现出焦虑和不安。因此不要让用户还没有看到我们的产品内容，就已经因为烦琐的注册流程滋生出厌倦的情绪，甚至因为注册流程的烦琐冗长而对我们所提供的产品的质量产生怀疑，最后放弃获取和使用。

在日常生活中烦琐的流程会带来许多麻烦。比如有的公司在招聘的时候，不断进行重复无效的流程，导致应聘过程反复烦琐，给招聘单位自身和应聘者都带来很大的麻烦，从而使招聘难以推进。

此外，把注册流程最简化，让用户清晰明了地抓住重点，以小见大，会使他们产生信赖感，让用户感觉我们的公司是有实力的，准备的产品是优质的，给他们提供的内容都是有用的、必要的。这样日后我们再想要宣传新产品，或想让用户关注我们的动态时，关注我们的用户才会更积极主动地获取和使用产品。

最后，设置注册信息时，要清楚地知道哪些信息是必不可少的，哪些信息是可以之后再进行补充的，尽量减少用户注册时所需要填写的内容量。至于其他需要补充的信息，我们可以放在合适的时间，对用户进行引导式填写，避免一开始就让冗长复杂的注册流程让新用户觉得不耐烦。

7.1.3 常见的 12 种拉新方式

用户拉新的方式多种多样，在这里主要讲一些最常见的拉新方式。

1. 活动营销

通过做活动来拉新是运营初期转化率较高的方式。在活动营销中比较常见的拉新方法是“扫码免费送××”或“注册就送××”，但是更高级的拉新方式不应该这么简单粗暴，而是应该策划出让用户感兴趣的话题或事件，让用户了解产品的特性与价值，主动下载注册、自发传播并使用产品。

2. 新媒体运营

新媒体运营这个名词已经广为人知了。新媒体运营就是通过运营各种新媒体账号，发布有关产品的信息，吸引“粉丝”关注我们的账号，进一步关注产品，比较常见的新媒体平台有微博、微信、今日头条、腾讯新闻、一点资讯等。

3. 线下地推

线下地推是比较古老、传统的用户拉新方式。在互联网还没普及的时候，大家最常用的用户拉新方式就是线下地推，这也是人们最熟知的、也是宣传范围最广泛的一种用户拉新方式。就像 20 世纪那些走街串巷的叫卖一样，或者在客流量较大的商业区或大学城进行线下推广，比如发传单、招校园代理等。

4. 付费广告

企业还可以通过付费购买的方式，借助平台让更多的人知道企业的产品，例如付费软文、电子邮件广告、公共汽车广告、电梯广告、电视广告、网站弹出式广告等。

5. 互推换量

寻找与企业的用户群重合或用户数量相差不多的平台合作，通过商业互推的方式与他们置换资源，例如微博互转、微信互推等。

6. 用户思维

企业在进行用户运营的布局时，要优先从用户的角度出发考虑问题，因为只有企业的第一批用户的产品体验很好时，他们才会主动把企业的产品介绍给自己认识的其他人，以达到口碑宣传的效果，因此企业在实现用户拉新这个目的的过程中，第一时间就应该想着如何利用现有的用户做更多的拉新。

7. 发帖推广

发帖推广指的是企业可以通过各种论坛来推广自己的产品，写一些软文，并且联系各论坛的版主，与他们进行广告合作。

8. 人工邀请

邀请行业内比较有影响力及号召力的意见领袖，邀请他们帮助企业进行宣传推广。

9. 口碑传播

企业不光要做好产品功能、保证产品质量，还要专门设计出一个能够广为流传的卖点，让其产生好的口碑，并进行口碑传播。

10. 用户间介绍

这里的用户间介绍说的不是口碑相传，而是企业利用用户这个渠道故意引导其他用户来进行免费体验。最常见的就是化妆品推荐，当一个用户对其他人说这款产品使用效果好时，其他人可能不会在第一时间直接下单购买，而是到专柜试用产品。

11. SEO/ASO

优化网上的搜索关键词，使自己的产品信息内容排到更靠前的位置，让用户最先看到。

12. 打造品牌

要充分利用好的产品质量打造好的形象，在用户心中树立经典的品牌形象或者洗脑式口号，同时质量也要过关。比如“瓜子二手车，没有中间商赚差价”“充电五分钟，通话两小时”等。

当然还有很多种拉新的方式，在这里就不一一举例了。实际操作过程中，还要具体问题具体分析，适合自己的才是最好的。

7.2　设计好新手引导

当企业想要向新用户展现产品时，首先要做的就是让新用户了解产品功能和特色，尤其有些产品功能比较复杂，更要通过一些方法让用户对产品产生兴趣。

但企业如何才能让新用户快速熟悉产品，并且愿意深入地了解产品呢？这时候就需要企业做好新手引导这一个关键性的步骤。

7.2.1　5W+1H，六个新手引导策略

“5W 模式”是经典的传播学理论之一，是由著名的传播学学者拉斯韦尔提出的。“5W”具体包括“谁（Who）”“说了什么（What）”“通过什么渠道（Which）”“对谁说（Whom）”“产生了什么效果（What effects）”，如图 7-2 所示。

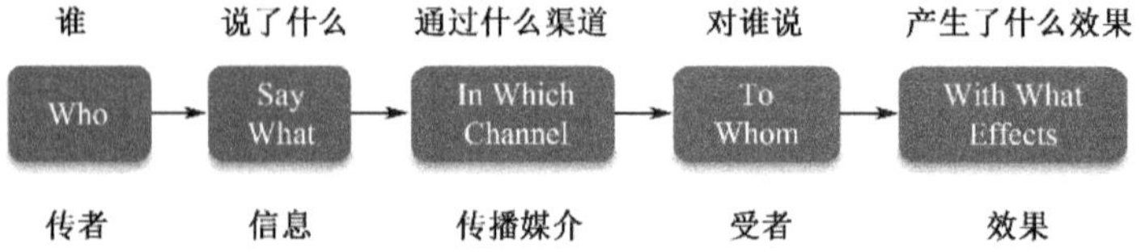

图 7–2　5W 模式

后来经过学者的不断探索和研究，这种模式又衍生出了其他传播模式，其中就有 “5W+1H”的新模式，这里的“1H”指的是“如何做（How）”。连起来就是谁在什么时间、什么地点因为什么原因做了什么事，是如何做的。

“5W+1H”是一种理论，也是一套流程，为企业提供了科学有效的分析方法论。这一模式最初广泛运用于电竞行业，目的是让玩家们能够在短时间内简单快速地理解游戏规则，理清自己的思路。现在“5W+1H”模式已经广泛运用于人们的日常生活和工作学习的分析与规划中。

因此运营人员要从经过衍生与调整的以下六个步骤做起，来进行新手引导的分析与运作。

（1）Who：首先要对新手（也就是企业的新用户）进行分类，运营人员需要清楚地知道用户都有哪些人，是一类还是很多类，每类人的特点是什么，他们都喜欢什么风格的产品，如果每类用户喜欢的产品风格不同，运营人员应该如何平衡他们之间的不同喜好。

（2）When：运营人员在做新手引导的时候，还要充分掌握好时间。把握最佳时机很重要，只有在合适的时间做一件事才能产生最佳的效果。要让客户知道运营人员在对他们进行引导，但又要把握好尺度，不能让他们觉得运营人员的引

导给他们带来了麻烦，要让他们对产品产生好感。

（3）Where：新手引导在哪里完成？地点是否合适？这些也要提前考虑好，设计出合适的引导地点。让用户知道他们在哪里才能找到企业的产品引导，提醒他们要完成的任务，还要满足他们的要求。

（4）Why：运营人员要向用户解释清楚要求他们这么做的原因是什么，这么做给他们带来的好处又是什么，而不是他们购买了企业的产品给企业自身带来的好处是什么。在解释原因时，一定要用简洁的语言来说明。

（5）What：把前四条给用户阐述清楚之后，还要把要做的具体事项告诉用户，让他们清楚地知道接下来该做什么，做到让用户对运营人员的阐述满意，并顺利地进行接下来的操作。

（6）How：尽量使用一些有趣的图片或简短又酷炫的视频来引导用户。总之，引导的方式一定要有趣，突出产品的趣味性。

案例

其实新手引导无处不在，最标准的形式就是手游的新手引导。图 7-3 为某手游的新手引导界面。

图 7-3　某手游的新手引导

手游的新手引导可以让用户快速熟悉游戏的所有玩法和功能，并让其迅速进入游戏情景，此外，有些手游的新手引导本身就极具挑战性，完成后还会有价值不菲的虚拟奖励。通过这种方式，手游可以迅速拉进新用户并提高其活跃度。

用户通过新手引导，可以直观地感受到产品的特性，快速了解产品能为他们解决的问题，还可以帮助用户快速地掌握产品的使用方法，告诉他们产品还存在哪些隐藏功能，带他们体验产品的其他乐趣，这些都是新手引导中的重要环节。

7.2.2 QQ空间4.0经典新手引导玩法

在做新手引导的时候，有些人会觉得应该把引导的页面设计得复杂些，越夸张越好，要让用户觉得产品是最“高大上”的。于是他们绞尽脑汁，花样百出，弄得用户眼花缭乱、目不暇接，最终因为烦琐和复杂导致用户对产品失去了耐心与兴趣。

要知道，用户的关注点不是长篇累牍的介绍，而是产品的体验。因此在做新手引导的时候，一定不要把自己的意愿强加于他们身上，切忌讲太多、页面复杂、难记忆、呆板无趣，这样只会让用户还没开始体验产品就失去了体验的兴趣。

新手引导就像人们外出购物，进了一家从来没去过的商场，看到陌生的产品，导购对产品的优点进行介绍。一位陌生的导购对人们进行引导过程中的每一个环节都会影响到人们的心情及体验，影响着人们下次是否还愿意来，据了解，大部分用户都不喜欢类似“你应该”这样的说教式的引导。

相较于大段的文字和枯燥的说教，通过感受得来的信息才更能让用户理解。比如我们在制作幻灯片的时候，图片和文字都是必不可少的，但是制作幻灯片的老手会告诉我们幻灯片的文字越少越好，好的幻灯片以图片为主，文字为辅，重点的内容还是要靠我们的讲解来传达。切忌把大段的文字贴在幻灯片上面让用户来读取，因为他们没有那个耐心，也没有那么好的记忆力来把大段的文字一字不落地记住。他们更习惯快速滑动页面，这样的浏览方式会让文字信息的传达效果大大减弱，而图片、视频等信息承载方式的传播效果更好。

试想，如果我们刚进到一家商店，看到店内的装潢很不错，正准备进一步了解店内的商品的时候，突然冲出来一个导购，开始不停地询问我们的需求，或者是给我们不停地介绍促销的商品之类的，在一旁不管不顾地说个不停，我们可能瞬间对产品兴趣全无，只想离开。

但是如果我们进到商店以后，看到体验区那些触手可及的产品试用装，旁边还有视频在清晰简洁地演示产品的功能，店内的工作人员只在顾客询问时才给出自己的意见，我们会更愿意在这样的店铺进行产品体验，购买产品的概率也会大大提升。

案例

QQ 空间 4.0 版本的新手引导就为我们做了一个很好的示范，它在空间中增加了新的特性和功能，比如动态的背景板、应用的趣味性、签到的个性化等。

QQ 空间用一个黄色星星的故事引导我们开始 QQ 空间之旅，回归到这颗星星的本身所处的环境背景中去，好似带着我们开启了一段宇宙之旅，吸引着我们去探索未知的宇宙世界。

这个星星的故事增强了 QQ 空间与用户的双向互动，其动画的表达形式也增添了趣味性，是一种很有创意的、新颖的引导方式，在留有悬念的基础上又能简洁明了地表达出重点，为今后的新手引导起到了很好的模板示范作用。

7.3 突出展现新手特权

引导用户进入我们的产品后，就要开始想办法尽可能地让更多的用户留下来进行下一步操作，直到购买甚至回购产品，并且自愿地将其推荐给其他人。

通常来讲，引导的过程中会存在一部分用户的流失，而且在接下来的每一个环节都会不停地有用户流失，而一个产品的生命是有限的，用户量会呈现出先增后减的趋势，当用户流量低到某一程度，这款产品就应该更新换代。想要用户购买产品并延长产品的市场寿命不是一件轻松的事情，我们要想尽一切办法留住用户。

7.3.1 五种杀伤力最强的新手特权

如果企业给用户提供的产品体验服务确实很特别，但是又希望用户能够登录注册，那么就把登录注册的时间尽可能地往后推。对于一个全新的产品，推广产品功能引流更加重要，而且人们面对不了解的新产品时，可能会出于安全和隐私的考虑对注册产生怀疑，而且除非强制，大多数用户在一开始也不会直接去找注册页面，因此企业可以先把产品功能展现出来，等到用户体验很好时再顺水推舟，提出注册请求以提供更加深入的功能。

任何事情的发展都会有一个从量变到质变的过程。同样地，用户也不会轻易地完成这个转变。前进的道路上有阻力，就说明还有进步和提升的空间。那么遇到这样的困难，企业该如何进行改进并提升用户量呢？

1. 尽可能多地给用户提供企业的产品信息

如果企业做不到像某些很牛的产品那样任性，那么就要让第一次接触产品的用户深入地了解产品，尽可能地把产品的内容都公开给用户，让用户充分体验产品。大部分商家都会把产品的相关功能开放给用户体验，但这些是远远不够的。在用户体验产品的过程中，一定要让产品本身解决用户心中的疑问。

2. 免费“试吃”、免费“品尝”

这种最具诱惑力的方式虽然屡试不爽，但往往会被企业忽略，毕竟这种方式总是让人觉得自己吃亏，没有人愿意无止境地付出，但是事实上，“免费的午餐”往往最能吸引用户前来品尝，所以在运营前期多投入一些，才更能吸引到用户的注意力。比如笔者曾经在一个摊位购买炒瓜子，老板从来不吝啬把新出锅的干果炒货拿出来让顾客品尝，甚至还把顾客吃完的干果壳留在摊位上故意不打扫，以显示自己的慷慨和人气。虽然他家的干果既不是最好吃的也不是最便宜的，但是每到销售旺季他的摊位旁顾客总是排着长队，生意十分火爆。

3. 首单免费

当我们注册外卖软件以后，总是会看到“新用户首单免费”或“新用户可领××元优惠券”的活动。这是一种很好的吸引新用户的手段，如果企业的产品性能足够好，能够保证新用户用了一次就说好，那么首单免费有何不可？反正用户已经因为免费的体验而离不开企业的产品了。

4. 病毒式传播

可以给用户们发邮件，要注意在邮件里加上一句话：你可以免费得到×××。美国的一个电子邮件公司曾经以这种方式让他的免费电子邮件走向了世界，实现了用户数量的爆发性增长。

5. 分享红包

给用户发新人红包，并限定红包只能用于购买我们的产品。

在推广产品时，“新手特权”是非常有必要的，也是企业在吸引新用户时绝对不能忽略的营销手段。

7.3.2　百度糯米：新用户一毛钱吃大餐

在采用“新手特权”吸引新用户做营销的企业中，做得最成功的，莫过于“百度糯米”了。“百度糯米”原来是人人公司旗下的一款团购软件，支持本地的各种生活服务，为用户提供各种优惠、便捷的服务。后来又推出了团购新模式——品牌专区，之后糯米网被百度收购，正式更名为“百度糯米”。

案例

为了吸引新用户，“百度糯米”不惜大手笔投放资金来发放新用户福利，比如图 7-4 所示的“新用户一毛钱吃大餐”活动，利用这种手段，使用“百度糯米”的用户数量也在一路飙升。

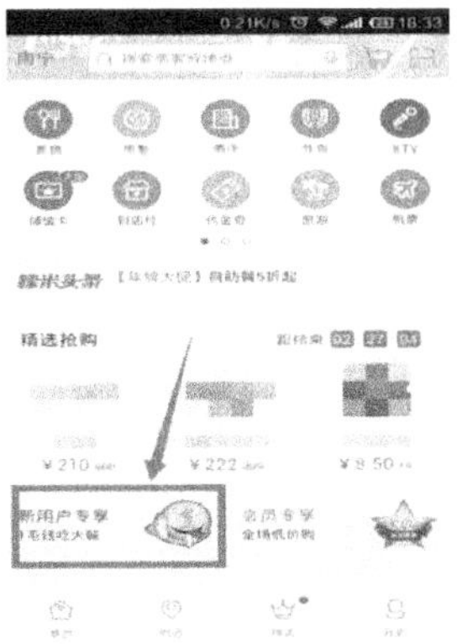

图 7-4　百度糯米：新用户一毛钱吃大餐

当然，用户数量的飙升也离不开“百度糯米”背后百度的支撑。“百度糯米”利用百度多年来积攒的实力，比如大数据和先进的技术支持，轻而易举地为其移动客户端进行了升级改造，通过对功能的更新换代，使得“百度糯米”的客户端用户体验得到了大幅提升。

“新用户一毛钱吃大餐”这个活动是“百度糯米”向全国推广自己的最有效的方式之一，更有力地推动了团购和其他在线业务的发展。此外，“百度糯米”还在电影团购方面拓展了自己的势力，推出了“一毛钱看电影”的活动，将电影购票与在线选座业务相结合，这种一站式购票服务更加人性化，不仅让用户得到了电影票优惠，还让用户能更加快捷方便地查找影院和电影信息。

当然，“百度糯米”的发展还不仅仅于此。“百度糯米”还联合全国几个一线城市的 80 多家影院一起推出了“百度糯米专享座”计划。所谓“专享座”就是只能在“百度糯米”上预订的好座位，遇到热门电影和观影旺季时，这项活动可以让用户花一样的钱坐在最佳位置享受更好的观影体验。这些活动促使“百度糯米”从一个单纯的团购网站蜕变成了生活服务平台。

对比其他提供相同服务的商户，“百度糯米”不仅占据了绝对的优势，还在用户心中树立了一个高大优质的形象。不过，想要达到“百度糯米”的地位，没有实力和“干货”是不行的。“百度糯米”不仅集结了大部分我们可以想到的日常生活需要，比如看电影、吃饭、唱歌、购物等，还在此基础上推出团购模式，以最优惠的价格得到大量的用户“死忠粉”，实现了各方共赢的局面。

这些活动之所以能举办成功，一个重要原因是其推广的时机十分合适。“百度糯米”推出的一系列优惠活动，每个点都把握得非常好。例如在每个重要的节日（不论中西方）都会发起“全网最低价”的活动，以足够的心意和足够的惊喜来吸引用户进行消费体验。

如果我们没有“百度糯米”那么强的经济实力，就要实事求是、脚踏实地地做好自己的产品。我们不能为了迎合或者讨好新用户，就忽视自己的承受力，不顾一切地发放新手特权，以此来证明自己的产品；即使资金充足，也不能盲目投资，要把握关键节点，适时推出适合我们产品自身推广的新手特权活动。

“百度糯米”给我们做了一个很好的团购平台的榜样，从“百度糯米”身上我们可以学到如何抓住用户眼球，吸引用户来体验我们的产品，从而带动销售，形成自己的品牌。

第 8 章

留存：提高转化率

“留存”是在互联网行业中出现的新词。留存用户是指在使用某应用并经过一段时间后，仍然继续使用该应用的用户。简单来说，留存指的就是“有多少用户留下来了”，留存率是指留存用户占某段时期内新增用户的比例。留存用户和留存率体现了用户转化率的高低。

企业进行用户运营的最终目的，就是获得转化率。可以说，转化率是衡量用户运营是否有效的重要指标。对于大部分企业来说，提升用户转化率真的不是一件容易的事情。可能企业在推广的时候下了很大的功夫，但留下来的用户往往少得可怜。本章将详细为大家讲解用户留存时存在的误区，以及如何高效提升用户的留存率。

8.1 用户转化常见问题

很多企业往往投资了很多并且下足了功夫，却只换来事倍功半的效果。究其原因，很可能是企业陷入了一些误区，导致企业的努力和回报没有成正比。接下来，就讲一讲如何提升用户的转化率。

8.1.1 有关用户转化的三个常见误区

关于用户转化问题，主要有三个常见的误区。

误区一：高流量等于高转化。

一直以来很多人都认为流量是衡量效果的唯一标准，其实不然。比如我们逛商场的时候，在商场里面走马观花、挑挑拣拣，但是我们不一定会买，即使看到喜欢的衣服或鞋子，我们也会考虑其他因素，货比三家，看看商品是否价钱合适、自己试穿的效果如何。很有可能我们看了一圈，都没有发现有适合的，这个时候我们不得不选择换一家商场。

上面的例子告诉我们，流量的大小与转化率不一定成正比。运营人员不能过于关注客流量，而是要关注转化率。因此，即便有很多用户选择企业的产品进行体验，也不代表用户就一定会购买企业的产品。所以说，高流量不等于高转化。

误区二：只关心总体转化率。

当运营人员把注意力从关注流量上转移到关注转化率上之后，并不意味着他们只关注总体转化率即可。因为如果只看总体的转化率，就有可能造成资源分配不均衡。事实上，如果仔细算下来，也会发现其中有很多的问题。比如，如果企业的注册流程有四步，其中就有三次可以改变转化率的机会。对于产品和用户运营来说，有些渠道要有针对性地优化，以此来实现流程里每一步的用户转化。此外，还要深入研究用户转化过程的每一步，分析哪一步是可以改进的。

误区三：转化率提升等于用户体验改善。

用户的转化率提升了之后，运营人员依然不能掉以轻心，因为用户的转化率与用户的体验之间还是存在着一定的联系的。常理来讲，如果用户的试用体验得到了改善，就会想要长期使用企业的产品，进而很容易产生购买产品的愿望，所以在这个时候运营人员一定要乘胜追击，让用户注册、完善信息并购买产品。到这一步才是真正意义上提高了用户的转化率。

当然运营人员关注用户转化的同时，还要时刻关注用户的行动轨迹，看他们是如何操作的，并随时找出他们在体验的时候存在的问题，帮助他们及时解决。这不仅可以提高产品服务在用户群体中的口碑，还便于企业不断完善和提高自身。

案例

星巴克成功地避免了以上误区，有效地实现了用户的转化。

随着小程序的开发，越来越多的企业选择通过平台来进行营销和服务，星巴克就推出了“星巴克用星说”来进行营销并实现了用户的高转化率。

“星巴克用星说”是一款提供社交礼品体验的小程序，在这个小程序里，用户可以购买星巴克礼品卡来赠送给自己的朋友，让他们在其所在地的星巴克利用礼品卡来消费，如图 8-1 所示。

图 8-1　星巴克礼品卡

小小的礼品卡所蕴含的不仅仅是一杯咖啡的价值，它还可以让很多许久未见的朋友增进彼此的感情，收到礼品卡的人进入星巴克消费时，不仅仅是星巴克的一次性消费者，还有可能通过体验而转变为长期消费者。比如曾经有一位新用户用朋友送给她的星巴克礼品卡消费以后，爱上了店里的焦糖玛奇朵，由此变成了星巴克的常客。

星巴克就是利用人与人的感情纽带，将一些可能永远不会喝咖啡的人转化成自己的消费者，实现了消费转化率的提升。

与星巴克一样，每个公司在打造一个产品以后，都希望它能快速进入市场并受到大众的关注，这个过程里很重要的一步就是要提高用户的转化率。企业应想办法提高产品的质量与设计水平，并且还要不断提高运营能力以提升流量，从而尽可能多地销售产品。

8.1.2　提升用户转化率四部曲

用户转化的核心是企业产品本身以及对用户的精准定位，只有了解了用户群的需求，再进行细分，才能制订出合理的优化方案。

在分析转化率的过程中，也要及时停下来寻找差异，发现问题所在。从收集的数据中找出差异，根据差异制订不同的优化方案。

运营人员要从用户群体本身出发，关注企业的产品是否能实现更多的用户转化。提升用户转化率主要有四个步骤，如图 8-2 所示。

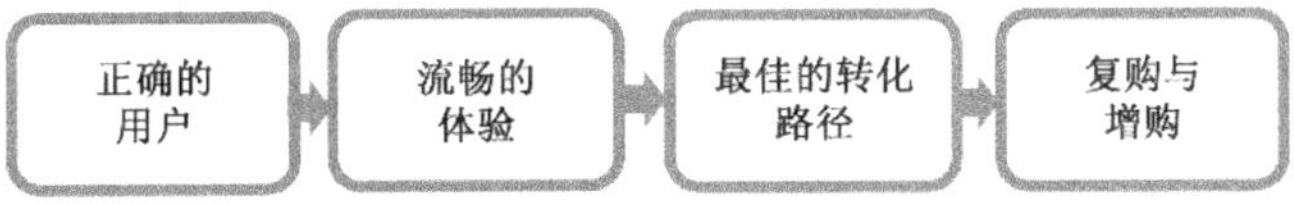

图 8–2　提升用户转化率四部曲

下面来具体地阐述如何提升用户的转化率。

1. 正确的用户

在研究如何提升用户转化率的过程中，运营人员首先要关注的就是用户的定位是否准确。运营人员在推广产品时，如果把握不好用户群的特征和需要，那产品的推广效果必然不会太好。正如把胰岛素推荐给低血糖患者一样，不仅不适合用户服用，还会显得运营人员不太专业。

想要精准定位合适的人群，运营人员就要充分地与潜在用户进行沟通，了解他们的需求，将潜在用户进行系统的分类，研究不同群体的不同特点，便于企业有针对性地对产品做出改进。

2. 流畅的体验

在对产品的用户群做好定位后，运营人员就要把重点放在用户体验上，让用户得到流畅的产品使用体验。用户体验的方法也是多种多样的，要根据用户的反馈对产品的细节，比如整体的外观、产品的性能等不断进行优化，从而改进并完善我们的产品，提升用户体验的好感度。

此外，要注意数据的采集和处理，看清企业的优势和劣势。千里之堤溃于蚁穴，有时候一丝一毫的误差都可能让整座大楼毁于一旦。因此，尽量完善企业的产品，给用户带来流畅的体验，是至关重要的。

3. 最佳的转化路径

转化的路径当然是越简便快捷越好，但还是要具体问题具体分析，找出最适合自己的转化路径。运营人员可以通过了解用户们的注册步骤，来看他们是如何完成转化的。转化的过程中一定也会有用户的流失，因此不是转化路径越短就越适合我们，运营人员要让用户看到充足的产品信息，取得他们的信任。

在了解了不同群体之间对产品不同期待的差异后，运营人员可以分开来看每一个步骤，找到每一个转折点，这有利于企业的用户转化率的提升，再根据不同的分析结果选择最优的转化路径。

4. 复购与增购

让用户再次购买以及推荐给其他人购买企业的产品，这两点对于转化率的提升非常重要，如果用户在使用了企业的产品之后都表示认同，就代表着企业的产品在复购与增购方面是成功的。复购率对于购物网站来说是一个非常重要的指标，它代表着网站的留存率。但是同样是购物网站，不同类型的网站复购率指标也不尽相同，比如服装类购物网站的回头率应该是最高的，人们基本上隔几天就有可能再次购买，而家电类的购物网站回头率可能就会低一些。

此外，用户转化还需要跳跃性思维，能够针对不同情况不断提出假设并进行试验，以便制订不同的方案来适应不同的客户群。

8.2 用户分级

为什么要对用户进行分级？其实这并不难理解。因为对用户进行分级，不仅可以更好地提升老用户的忠诚度，还能获得更多的新用户。对于给用户划分等级这件事来说，可能每个企业的考虑都不尽相同，但目的都是相同的，都是为了给企业带来更好的发展。

对用户进行分级，还可以满足不同用户的不同需求。每个等级的用户会对自己消费层的产品产生不同的需求，比如低消费群体会更看重产品价格，而高消费群体则更注重产品是否独特、新潮。因此运营人员要划分出不同的层级，以便更好地服务用户并满足用户的需求，也更方便对不同级别的用户进行管理和服务。

8.2.1　用户结构的四个层级

一般情况下，用户等级都是按照每位用户每年或者每月的消费金额来划分的，如图 8-3 所示是脉脉会员用户等级划分。

图 8–3　脉脉会员用户等级划分

比如，企业的产品拥有 100 个付费用户，那么其中可能有 80 个人只是普通用户，另外 20 个人中也只会有 10 个是白银用户，剩下的 10 个中大概会有 7～8 个是黄金用户，最终成为铂金用户的也就只有 2～3 个而已。

第一级是普通用户，可以称为体验用户。这类用户的数量往往是最多的，他们会凭借自己的购买需求及经济能力量力而行。也许这类用户会经常性地购买产品，但是每次的消费额度很低，事实上，绝大多数用户都属于这个等级。他们一般不会为了某些优惠而购买价值非常高但又不是自己所需要的产品，只要产品功能能够满足自己的日常生活需要即可。

第二级是白银用户。他们大概就是人们平时所看到的年轻白领或稍微有经济实力的人，这些人在消费过程中会选择稍微贵一些的商品，比如轻奢款的提包、化妆品还有首饰等。他们购买的商品本身的实用性可能没那么强，但是往往会带有一定的附加价值，比如优质的服务、更好的外观及装饰效果，他们也愿意为了这样的商品付出一些代价。

第三级是黄金用户。这类人可能往往不怎么光顾企业门店，但只要到店内来购买商品，就会买很多昂贵的东西。他们的购物时间是有周期性的，而且基本上不会因为一时冲动就一次性买很多东西，但在购买的商品类型中会挑质量最好的、价格最高的。

第四级是铂金用户。铂金很珍贵，而这类用户就像铂金一样稀少，他们来店内消费的次数屈指可数，但是按单个人头来算，这类用户的消费贡献率往往是最大的。

当然，还可以根据地域、性别、年龄等进行用户划分，可以先进行粗略的划分，再进行更精确的细分，保证让每一位用户都能获得相应类别里的服务和管理。

8.2.2 用户运营中的“二八法则”

我们还可以用“二八法则”来做用户运营的工作。二八法则也叫作帕累托法则或 80/20 法则。这个法则被普遍认为是最省力的法则：在任何事情中，占到 80%比例的往往是一件事情中最不重要的部分，而重要的部分往往只占到 20%。

在用户运营上，通常要用 80%的时间来做系统的运营工作，比如微博微信的日常管理、公众号中文章推送的时间安排、运营后台的客户反馈、用户的日常维护等。但剩下的 20%的时间应该去思考新的方法和新的创意，比如对于公众号里版块的创新，或者构思一个新形式的文案等。很多时候，往往就是这 20%的时间决定了企业的运营工作是否能再上一个新台阶。

在具体的用户运营层面，运营人员要重点维护占比 20%的铁杆用户。通过奖励铁杆用户的方法，来促进铁杆用户对产品的传播。常见的奖励方法包括物质奖励和精神奖励两种。通过老用户来宣传新产品、带来新用户，会比一味地自我宣传效果要好很多。

8.3　用户留存

吸引来用户以后更重要的问题是怎样让他们留下来，为了达到这个目的，运营人员绞尽脑汁研究让用户留下来的方法。用户留存讲究科学的策略，要深刻理解用户留存的内涵，知晓用户留存率计算公式；要明确用户留存数据分析要点；针对不同层级的用户要选取不同的留存策略。

8.3.1　用户留存率的正确计算方式

用户留存率，一般是指新增用户的留存率，因此在计算用户留存率之前，必须先搞清楚新增用户的数量及活跃度。

新增用户一般是指第一次使用产品的人，即第一次注册平台的人，就算这个人在此之前已经注册过一个账号，但只要他是再次注册新账号，就可以算作新增用户。例如我们在用手机号注册微信号时，就被视作新增用户；之后用另一个新的手机号再次注册微信号，又被视作一个新增用户。

那么用户的活跃度又是怎么计算的呢？一个微博用户看了热点和热搜榜之后，发了一张图或一段文字，就可以算是活跃用户。对于那些会显示账号是否登录的平台来说，用户账户登录才算是用户活跃的标识，如图 8-4 所示是用户留存率计算示意图。

如果把每天当作一个周期的话，新增用户中登录的用户数除以新增用户数再乘以 100%，就是用户留存率的计算方式。比如 10 月 1 日，新增用户为 1000 人，次日活跃数有 4000 人，那么留存率=新增用户/次日活跃数，即 40%，用户的留存率实际上就是用户的转化率。

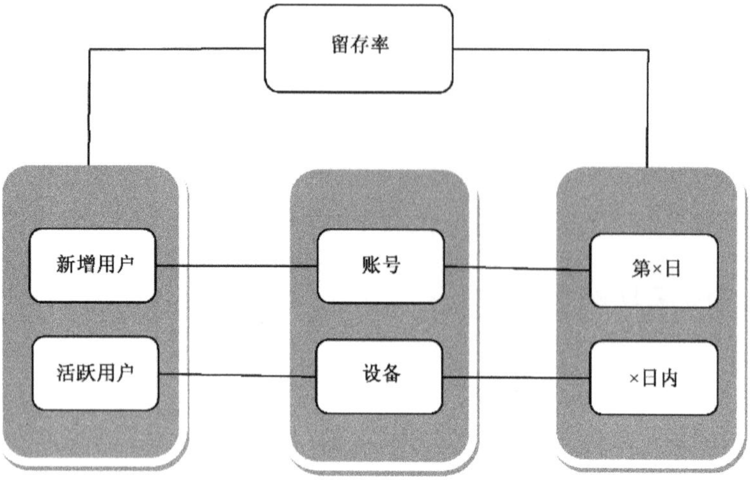

图 8-4　用户留存率计算示意图

自媒体时代，不论产品交易是通过传统门店还是互联网，不论交易是否需要付费，运营人员都要维持好用户活跃度，用户活跃度一旦下降，就代表着企业的用户量流失。

因此，在产品发行初期，运营人员首先要做的就是稳住用户，让用户成为稳定新用户，甚至成为忠诚型用户。在用户的转变过程中，运营人员要时刻关注用户量转变的情况，统计用户的转化率，记录不同时期用户的变化情况，把握关键的时间节点。转化率的统计节点一般以一天、三天、一周及一个月为统计周期。

之所以要按周期来计算用户的留存率，是因为用户是运营人员的研究对象，这样做运营人员还可以从宏观的角度观察用户的转变过程，考虑之后如何改善用户留存率。

统计的最好办法就是从用户进入企业的系统开始进行跟踪记录，观察他们的活跃周期。用户可能是从不同的渠道进入系统的，因此运营人员就要通过不同的营销手段使用户进入到企业的应用，对用户后期的留存情况进行多方面的分析，从而改进产品，并保证产品质量。

对客户留存率的跟踪记录是一个长期过程，还要不断地对产品进行更新换代。这就需要运营人员综合分析多方面因素，找出用户进入系统使用产品的最佳周期，进行相应的改进和调整，制订相应的战略，提升产品质量，生产适销对路的高质量产品。

8.3.2　用户留存数据分析要点

质量管理专家威廉·爱德华兹·戴明博士曾经说过："如果你不能以一个清晰的过程来展示你所从事的工作，你就不会真正了解你在做什么。"

企业在做产品和运营时，经常会陷入一种尴尬的情形：无论企业对自己的产品多么了解，或者运营工作多么专业，在产品改进的道路上依然会觉得阻碍重重，并且产品改进后，用户量增长情况仍然不容乐观，这多少会让企业觉得茫然无措。

这种情况的产生是因为企业收集到的数据并不能够直接用于产品改进。产品的数据量可能看起来是很庞大的，但是要知道用户留存增长率的变化是非常缓慢的。换句话说就是，我们的用户是一个一个被获得、激发及留存的。

因此，运营人员在分析用户留存数据的时候，要特别注意以下几点。

1. 找到目标和主要问题

在开始分析工作之前，运营人员要为产品确立目标，并且明确最需要解决的问题是什么，这才是分析要点时最重要的事。比如一个生产净水器产品的公司确立的目标是要提升自己的知名度，那么接下来，就要分析目前来讲阻碍目标实现的最重要问题是什么。是自己的产品质量不过关，还是产品的外观不够吸引人，又或者是找错了用户群？就这些问题运营人员可以利用各类型的应用工具进行分析解决。

2. 找出问题相关的数据指标

明确了目标和主要问题后，接下来就要找出与问题有直接关联的数据指标。例如，当用户重复购买率很低时，运营人员要进一步分析用户在第一次购买产品到第二次购买之间的时间差是多久，哪类人群的重复购买率较高，哪些人群的重复购买率最低？分析维度要尽量精确和全面，比如针对复购率问题要考虑购买的人群、购买的渠道、购买的时间等。

3. 找出问题背后的原因

找出问题和相关的指标后，运营人员应该对这些问题和指标所圈定的群体进行详细的分析，尽可能找出问题潜在的原因。例如对复购产品最多的人群进行分析，将这类人的具体特征与其他用户群进行对比，找出所有的不同之处，分析这些不同之处与重复购买的原因之间的关系。

4. 改进产品或运营模式

分析出可能影响用户增长的原因后，接下来就要对所有可能性进行分析并解决暴露的问题，比如产品功能不够齐全，或者有地域习惯的差异等。

5. 分析改进效果

改进之后，运营人员还要持续地对问题相关人群进行跟踪观察，看一看企业的改进是否取得了成效。如果取得了企业想要的效果，就可以按照之前的步骤继续分析接下来可能发生的问题并及时解决；如果没有达到企业想要的效果，可以试着换个角度来思考、分析问题。

总之，要取得明显的用户增长效果，不是一朝一夕就能完成的。正所谓心急吃不了热豆腐，用户的增长是长期积累的结果，企业要做好眼前的事，提升产品质量、改进运营模式，只有抓住主要矛盾，才能尽早地完成用户快速增长的目标。

8.3.3 不同层级用户的留存方法

用户的层级可以大致分为四种：活跃用户、不活跃用户、忠诚用户和流失用户。运营人员要对不同层级的用户分别进行分析，从而找出问题的根源，这样才能解决问题。

1. 活跃用户

这类用户往往是浏览量最大的用户群，通常来讲，他们喜欢在多家商品之间进行多次比较，再决定是否要购买。对于这类用户，运营人员要做的就是利用大数据，跟踪他们的浏览记录，了解他们的兴趣爱好，针对其喜好对症下药，推送他们感兴趣的内容，引导他们参与互动。通过与活跃用户的互动，总结出一份关于他们爱好的报告，让他们感受到自己是被重视的，比如支付宝在年末会针对一整年的使用数据，给每一位用户量身打造自己的用户清单并发送个性化信件。时间久了，他们对产品平台的感情就会得到进一步的提升，忠诚度也会因此提高。

2. 不活跃用户

近一个月没有互动的用户称为不活跃用户。他们可能不是很需要企业的产品，但是又不是完全不需要。不活跃的原因可能是他们真的对产品不满意，对于这类用户，运营人员就要与他们适时地进行沟通，了解他们的需求，尽可能地依照他们的喜好与他们进行互动，调动他们的积极性。同时发现企业的问题所在，努力让他们成为企业的活跃用户，甚至是忠诚用户。

3. 忠诚用户

这类用户是企业的留存用户。他们的存在对企业来说是一种莫大的鼓励和安慰。运营人员不要因为他们的忠诚就忽视他们，不与他们互动。相反，这类用户更需要运营人员拿出热情和真诚交流互动。

要让这些用户的忠诚转化为企业前进的动力，让他们帮助企业带来新的用户。忠诚用户往往会把自己喜欢的产品介绍给亲朋好友，这些就是企业的潜在客户。运营人员要与这类用户群保持良好的关系，经常交流互动，让他们感受到热情与真心。

4. 流失用户

对于那些已经流失的用户，企业可能已经失去了他们。虽然有可能不是企业的问题，但运营人员也要仔细分析问题所在，看看是否是因为企业的服务态度出现了什么问题，哪里让他们感到不满意，是否还有挽回的余地；又或者他们不是产品的用户群，那么通过这部分流失用户，企业也可以找出定位错误的原因。

案例

用户签到模式的设置，能够不断提升用户层级，并根据用户层级的变化，设定不同的奖励方式，最终达到高效留存用户的目的。这里以某阅读 App 的签到任务版块为例进行说明，如图 8-5 所示。

图 8–5　某阅读 App 的签到版块

以七天为一个周期，通过每天签到的方式让用户赚取优惠和福利，以此来培养用户的使用习惯，提高留存率，并且该 App 还提供了大量限时免费的优质长篇小说来吸引用户留存。众所周知，现在的网络小说篇幅很长，很多小说甚至达到了几百万字，用户一旦看进去某篇小说就会长时间在此“追更”，而平台通过开放限时免费的方式可以轻松地提高用户留存率。

有人发现，如果用户在使用产品的前五分钟里能看到产品的优势，那么他终身使用这个产品的概率就提升了五成。但如果在这五分钟内，用户对产品感到不甚满意，那么他以后可能也不会使用该产品，企业也就永远地失去了这个用户。因此，在产品运营过程中，运营人员要紧紧把握住这短短的五分钟，向用户迅速地证明企业的产品有什么价值。

用户在使用企业产品的一段时间之后依然在使用，那么便可以认为他是留存用户。用户是否留存受多方面因素影响，比如产品质量、产品功能、服务质量等。当然，具体的影响因素，运营人员还是要根据具体问题具体分析。

第 9 章

促活：提升用户活跃度

保持用户的活跃度是产品运营的关键，而用户的活跃度取决于网站的用户定位和业务定位。例如，用户在网站上发生的行为、拥有的属性。以微博为例，用户可以发微博、评论、转发、收藏、关注、私信，用户有发布的微博数、评论数、转发数、收藏数、被关注数、关注数，这两个维度结合到一起就可以定义出活跃用户的特征。

促活的核心在于用户，想让用户活跃，就要了解用户需求，让企业的产品对用户有帮助。同时，提升用户活跃度也必须建立完善的用户成长体系。巧用大数据技术分析用户的特征，也能有效提升用户活跃度。

9.1 什么是活跃用户

我们经常看到某些数据分析报告中说：某某网站的注册用户数已经超过几百万，但是却倒闭了。因为注册用户不等于活跃用户，对于一个平台而言，真正有意义的是活跃用户数而非总用户数，因为只有活跃用户才能持续地产生价值。

活跃用户指的是经常登录平台、浏览信息，并为网站带来价值的用户。活跃用户可用于衡量网站的运营现状。每个平台的活跃用户其实很好辨认，以 QQ 为例，其用户的活跃程度以等级来划分，等级越高就代表他使用 QQ 的时间越长，越有可能是活跃用户。

9.1.1 活跃用户与留存用户之间的关系

上面已经提到活跃用户是指时常光顾平台的用户，而留存用户是指在某段时间内开始使用，经过一段时间后仍然继续使用该应用的用户。

一个网站或一个 App 的运营通常分为拉新、留存、活跃、营收四个阶段。这可以说明，留存用户是活跃用户的前提。一个网站只有留存了用户之后，才会有活跃用户。

用户留存率是所有产品上线后运营的重要性能指标，如日留存率、周留存率、月留存率，甚至是半年留存率、年留存率。App 有了用户之后，在新用户使用的前三个月，用户的流失是比较严重的，会影响留存率的数据指标。

图 9-1 是某网站活跃用户数和次日留存数。该网站总创建用户达到 30 万，日活跃用户大约 5 万人，每日新增用户约为 1 万人，其中大多数来自口碑推广和核心用户。在内测期间，用户的次日留存率在 50%左右，3 日留存率在 30%左右，7 日留存率在 20%以上。

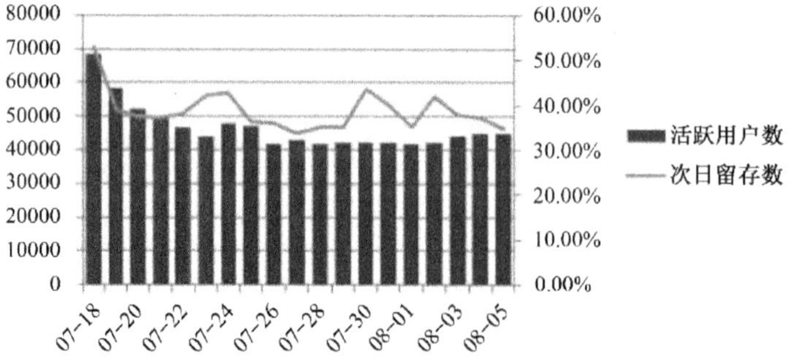

图 9-1 某网站活跃用户数和次日留存数

在一个 App 中，每天的用户主要分为两类：一种是新增用户，即第一次登录应用的用户；另一种是留存用户，即第二次及第二次以上登录应用的用户。

首先，新增用户是不能列为活跃用户的，活跃的概念肯定不包含“走马观花”的这一类人，用户至少要有 2 次登录，企业才能认为留住了他们。衡量这一数据的指标是次日留存率、周留存率和月留存率，这个数据一般呈现递减的趋势。比如一个应用第一天新增 10000 名用户，第二天这批人里的 5000 人第二次登录，那么次日留存率为 50%；一周后，这批人里的 1000 人在登录，那么周留存率为 10%；一个月后，这批人里的 500 人在登录，那么月留存率为 5%。

活跃用户的质量很重要，留存率越高代表该应用的用户黏性越强，并且只要留存率大于流失率，就表示用户活跃度是正向发展的。

留存用户可以使用以下定义方式：用户连续 X 天（周、月）没有登录（浏览、下单、支付等）的行为，称为流失用户；而连续 Y 天（周、月）都有登录（浏览、下单、支付等）行为的用户则是活跃用户。一般来说 X 大于 Y，因为总有一些用户处于中间态，即不是太活跃、但也不至于流失的状态。

9.1.2　活跃用户界定准则

活跃用户具体如何界定，不同的人有不同的想法。目前，有几种活跃用户的定义方案。

第一种是根据浏览页面确定。如用户只要看了某书简介、下载了电子书，都算作活跃；通过平台做了换皮肤、完善个人信息等操作的也是活跃用户。此外，有些产品以停留页面的时间来定义活跃用户，例如糗事百科，只要用户浏览了两个以上页面，就算作活跃。

第二种是根据跳转页面来确定。比如用户在使用网易新闻的时候，分享了一个内容去微信朋友圈，即使是被动地跳转到微信，并且没有打开微信做其他的任何事情，也算一次微信的活跃行为。再比如通过支付宝第三方账号登录了某电商网站，即使一天都没开过支付宝，也算作支付宝的活跃行为。

产品不同，定义活跃的维度也不同。从产品战略上来看，只要用户产生的行为是设计者设计产品时想要实现的，那么这种行为就是有效的。进行有效行为的用户就是活跃用户。

还有一些操作不能看作是活跃行为。比如，用户误点了应用，然后马上 1～3 秒内点击 home 键回到桌面；平台推送了一个信息，用户点进去停留时间连 3 秒都不到，这表明推送实际上给用户造成了骚扰，用户不认可这种推广行为。如果运营人员把这些行为也算进日活跃量中，久而久之就会让用户受到伤害。

9.2 提升用户活跃度的方法

运营产品、网站、App 的目的是通过优质的产品与服务获得用户的认可，最终创造收益。用户吸引过来后，如何提高用户与产品之间的黏性、如何提升用户的活跃度就显得尤为重要。下面介绍一些提升用户活跃度的比较有效的方法。

9.2.1 提升用户活跃度的六个手段

任何运营人员都希望自己产品的活跃用户越多越好，因此他们会经常动用各种手段提升用户活跃度，这一过程也常常被称为促活。

广义上来讲，促活不仅是一个增强用户体验、让更多人参与的过程，还是一个不断挑选优质用户的过程。前面已经几次提到，经过拉新、转化、留存，用户达到一定的规模之后，就必然会出现不同的用户层级。有的用户非常看好产品，而有的用户对产品感觉一般，用户运营的目的便是让更多的用户看好产品并挖掘更多的优质用户。

常见的用户促活是根据产品自身定位来设计促进用户参与的活动。定位不同，环节设定也略有差异，主要有以下六种方式。

1. 消息推送（push）

消息推送应该是目前最常见的一种和用户交流的方式，在日常生活中也经常能遇到。

进行消息推送的好处主要有：增加活跃用户，提升用户使用率；增强用户黏度，如资讯类产品能够第一时间推送消息，用户忠诚度会更高；带动功能模块使用率，引导用户关注及使用新功能，等等。

正如消息推送用户心理反应模型所显示的那样，频繁进行消息推送的缺点也十分明显，用户对信息推送的接受程度有明显的阈值，过了这个值，轻则用户对消息推送变得麻木，达不到预想的效果，重则让用户产生厌烦情绪，直接弃用产品，如图 9-2 所示。

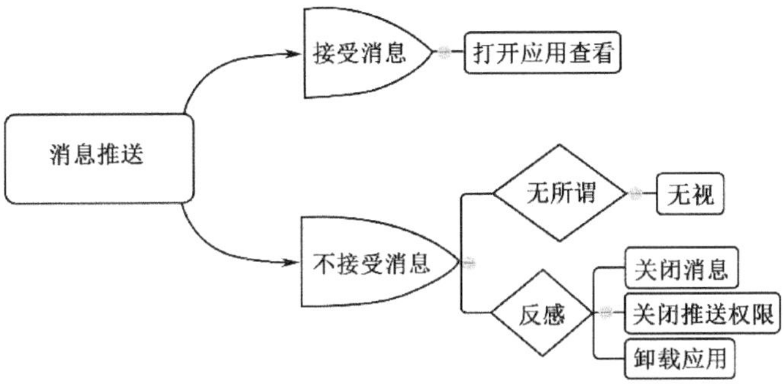

图 9–2　消息推送用户心理反应模型

2. 设置小游戏

游戏永远是老少皆宜的促活利器。用户运营人员可以根据产品特性设置一些有趣的小游戏，这些小游戏最好还要有成就标识、分享功能及奖励或优惠券。要让用户需要优惠券的时候就想起这款小游戏，而玩过游戏之后不仅有奖励，还可以分享到朋友圈“炫耀”，既可以满足用户的成就感，也有可能带动更多用户参与其中。

3. 开发新颖的功能

再忠诚的用户，也有“喜新厌旧”的时候。不少人会对曾经喜欢的东西产生不同程度的厌烦情绪，偶尔开发一些新颖的小功能来再度燃起用户对产品的兴趣也就成了一种常见的提升活跃度的方式。

比如受不少年轻人喜欢的阅后即焚功能，最开始流行于一些带有敏感性消息的传播过程中，消息总展示在那里很容易被删，于是有些社交网站便开发了阅后即焚功能，在提升消息留存度的同时还顺便激发了用户的好奇心，只能看一次的设定更让用户时不时就想去“刷”一下，活跃度大大提升，如图 9-3 所示。

4. 设置话题激发 UGC

通过运营团队设定议题，利用大 V+UGC 的讨论形式发酵话题，让更多用户参与，是运用最普遍的用户促活手段，其中不乏众多成功案例，如知乎、微博话题等。

图 9–3　阅后即焚功能页面

所谓 UGC 即“用户产生内容”模式，是用户通过将自己原创内容发布出来进而影响、启发其他用户的过程。正所谓“群众的力量是无穷的”，相比于人数有限的用户运营团队，UGC 模式显然更能调动起用户的积极性。而运营团队此时要做的是适当引导话题方向、拓宽活动参与形式、及时对优质话题予以扶持、建立完善的奖励机制。

5. 设定一些长期日常活动

要给广大用户在心理上建立一个稳定的预期，设定一些长期的、日常的小活动，如每周二促销、每周六发优惠券、每周为用户发一次产品周报等，设计适当且对用户有实际益处的活动。时间一长往往可以在用户心里形成一种稳定的期待，用户被“培养出了感情”之后，促活的目的也就达到了。

设定日常活动的方式在很多内容型产品中表现得相当明显，它们将话题设定提前告知给用户，并将更新的时间固定下来。图 9-4 所示是“得到”（一款知识型 App）上的一个付费订阅产品，开设伊始便要公布课程表和每周更新速度，这样才能给用户稳定的预期和判断依据，付费时心里也更踏实。

图 9-4　“得到”上的一个订阅产品页面

6. 吸引人的非日常活动

有了第 5 点的铺垫之后，到这一步才可以用吸引人的非日常活动来刺激用户活跃度。既然是非日常活动，往往带有很大的偶然性，所以在策划方式上也就没有固定的模式。不过可以根据这一次活动的目的来区分活动形式，比如单纯想提升用户量和品牌知名度还是希望达到多少销售额等。

9.2.2　用户周期的三个阶段及相应促活方式

如果没有运营，用户在从对产品产生兴趣到不再关注产品的全过程中的每一个阶段都有可能直接流失，所以运营的工作就是提高每一个阶段的转化率。

用户周期可分为潜在用户期、活跃用户期和沉默用户期三个阶段，不同的阶段，增加用户活跃度的方法不同。

1. 潜在用户期

潜在用户指的是未关注平台但有可能关注平台的用户。对于这种用户要设计合理的机制，去促进其从潜在用户到活跃用户的转化。

定标签：对自己的产品核心价值进行提炼，并对已有用户进行梳理后，可以对潜在用户进行画像，对使用场景进行描绘，然后可以为潜在用户定标签。

找渠道：找到竞争对手和我们的用户都来源于什么渠道，这些数据可以从很多大数据工具中获取。

挖数据：现在潜在用户的数据获取方式主要包括数据购买、数据租用和数据合作，搞定标签和渠道以后，要么做宣传推广，要么挖数据，只有这样，潜在用户才可能有它的生命力。

2. 活跃用户期

活跃用户指的是达到指定标准的用户。对于这类用户，要站在用户的角度去设计和完善激励体系，促使用户活跃周期延长。内容类平台的活跃用户定义可能是产生 N 篇内容的用户，也可能是评论 N 次的用户；App 平台的活跃用户可能是 N 天打开一次 App 的用户，也可能是使用 App 做过 N 次操作的用户；对于某些 O2O 平台，活跃用户的指标又变成了月购买 N 次、月支付 N 次。所以不同平台的活跃用户判定，是和其业务目标、发展方向及大数据要求等都分不开的。

不同平台根据业务不同也会有差异。很多分析工具按天、周、月为轴提供不同的留存用户数据。与上面相同，留存用户也会受到交互影响，是关注、使用还是购买，不同平台要求不一样。不过除了根据时间与交互判定用户留存外，建议运营人员还一定要将留存用户与渠道、行为等属性绑定在一起进行对比分析。

3. 沉默用户期

沉默用户指的是那些流失的用户，或者很长时间不使用产品的用户。对沉默用户应进行更大力度的唤醒及关怀。

调研先行：对于流失的用户，必须进行调研。弄清楚用户为何会流失，探究产品环节、运营环节、客服环节哪个节点出了问题。不做调研，盲目地谈召回其实都是伪召回，治标不治本。

产品优化：调研以后，针对得到的反馈结果进行优化。如果用户对产品内容不满，那么就改善内容；产品使用界面不友好，就进行界面优化；如果是客服态度不好，就进行客服培训。

升级提醒：要让这些用户知晓产品和服务已经改善升级。针对这个目标，有一家企业的创始人想了一个很好的主意，他列出了 20 多条产品改进的内容，并用多张图片记录了改进的过程，并以创始人的身份将这些信息以邮件的形式发送给这些用户。

提醒用户的方法不止这一种，在进行流失用户回流决策时不妨做做两种测试，一种是使用纯改善的情感型通知，一种是在此基础上添加回流的利益触点，相信后者的回流率应该会更高，不过这个需要效果跟踪才能够得出精准结论。

9.3　搭建完善的用户成长体系

用户成长体系也叫用户激励系统，就是通过跟踪和记录用户行为，把这些数值做加法。这个系统既可以作为用户对企业产品的贡献度和忠诚度的衡量依据，也可以作为刺激用户留在平台的一种方案。用户成长体系包含以下五种，分别是用户分级成长体系、用户积分商城体系、优惠券奖励成长体系、用户套餐折扣满减成长体系和用户评价成长体系。

9.3.1　用户分级成长体系

对于用户来说，合理的用户成长体系有利于引导用户购买并使用产品，从而发现产品优点，满足用户的成就感，享受到更多的特权，用户还能够从企业的平台获得更多的利益，完成任务，提升等级。

对于平台来说，建立用户分级成长体系有利于完善企业的平台机制，使其更加丰满和规范，还有利于企业把不同层级的用户区分开来，为日后细分用户的运营做好充足的准备。此外，分级成长体系还有利于用户忠诚度的提升，能引导用户更加积极地与企业进行互动。

因此，在用户分级成长体系中一定要对资源进行合理配置，让用户感受到企业的真诚，从而形成激励，让体系发挥最大的价值，否则这套用户分级成长体系带来的效果会适得其反，因为用户都是追求好的服务与更高的等级的。另外，在建立用户成长体系时一定要体现产品的特色，同时还要确保这个体系以后是可以持续发展的，让这个体系与用户一起成长、上升。当用户获得奖励之后，企业要及时告知，让他们觉得有成就感。

案例

百度贴吧就有一套完整的贴吧用户等级成长体系。注册用户关注某个贴吧以后，可以通过在这个贴吧中完成签到、发帖、回帖、发起投票等操作获得相应的积分，以提升在该贴吧的等级，每个等级都有相应的称号，如图 9-5 所示。

级别	头衔	所需经验值
1	吾本无名	1
2	彼时清寂	5
3	醉忆逢时	15
4	露神祠堂	30
5	破印而约	50
6	魑魅魍魉	100
7	水底雨燕	200
8	人鱼思念	500
9	雾叶望海	1000

图 9-5　某贴吧等级头衔和所需经验值

在一个贴吧中用户所发的帖子被回复得越多，他的积分就越多，越容易快速升级。此外，为了鼓励用户使用移动客户端，百度贴吧规定手机端操作的积分翻倍。

通过这样的等级制度，用户为了赚取更多的积分以提升等级，势必会在贴吧里进行深度使用，由此，整个贴吧的活跃度也大幅度提高。此外，用户的等级越高，自身的成就感和荣誉感也就越高，贴吧就成了他心里的归属阵地，也就不太愿意离开。

当然，并不是所有的产品都需要企业建立用户分级成长体系。当产品受到用户的热烈欢迎时，企业就不需要激励用户来购买产品，他们会主动来询问甚至直接购买，比如网游中的战斗服装。

还有一些低频产品和服务，比如婚庆用品、毕业用品等，也不适合建立用户成长体系。人们一生可能只使用一次的产品就没有必要激励用户多次购买了，只有高需求的产品才适合建立用户成长体系。

9.3.2　用户积分商城体系

为了激励用户复购和使用平台，企业需要对用户进行适当的激励。积分制就是一个能够有效地让用户更多地使用并购买产品的激励手段，因此企业应建立相对完善的用户积分商城体系。利用网络平台，引导用户的行为，让他们积极主动地参与到平台的活动当中，创造更多的价值。

企业在建立用户积分商城之前，一定要想清楚自己的目的，是鼓励用户多多消费，还是留住用户并进行口碑传播。不能因为一时兴起而一味地模仿别人，也不能人云亦云，仅仅为了追赶潮流而建立不适合自己的用户积分商城体系，那样只会适得其反。

通常，实行用户积分商城体系的目的还是盈利，是让用户更多地购买产品。比如现在有很多文具店也会建立用户积分体系，如“十元钱抵一元的积分”，这些积分不能变现，但是可以累计兑换，当累计消费一百元时就可以用积分兑换一件不贵的文具了。“肥水不流外人田”，这种体系最终的获利方仍然是文具店，设置合理又不太难达到的积分规则可以提高用户的消费金额，当用户的原本消费金额快要达到兑换消费目标时，他很可能会再多花一点钱得到奖励，这也正好是文具店老板想要得到的结果。

再比如我们在网站上进行购物时，总是会有“购买之后会获得××积分，达到××积分可以变现”的提示，这也是同样的道理。具体来说就是让虚拟的积分货币化，提倡用户更积极地消费，形成一个循环的流程。

总之，在设定用户积分商城体系时，商家还是要根据实际情况找准自己的定位，既要让用户觉得自己得到了优惠，又要实现激励用户下次登录平台进行消费的目的，达到双方都满意的结果。

9.3.3 定期/非定期发放用户优惠券

代金券也叫红包，实际上代金券也是一种营销工具，它可以被应用到各个行业、各个领域中。用户导入期，也就是用户前五次购买产品的这个阶段，是用户留存率上升或下降最关键的时期。这个阶段企业就要利用好代金券，通过前五次消费引导并刺激用户完成后续消费。

企业发放用户优惠券的目的是让用户更多地购买产品，因此要设计合理的优惠金额，满足用户的消费心理，让用户觉得企业确实比别家平台在同样的商品上让利更多。

发放优惠券可以分为两种形式：一是定期发放，就是在一些节庆日里，提前发放与节日相关的产品的优惠券；二是不定期发放，可以学习京东的优惠形式，在用户结算的时候，让用户看到“满××元，优惠××元”，从而促使用户去凑单。京东这种形式的优惠力度是比较大的，基本上在总的价格上可以便宜 1/3。

用户优惠券也是围绕平台的核心业务而设计的一种优惠制度，这与之前说的用户积分体系是一体的，两者共同形成了相对完善的用户成长体系。

用户优惠券的优惠条件既不能太难也不能太容易。不能让用户觉得难以实现而放弃，也不能让用户获得的优惠超出了我们的预算。此外，我们还要给用户进行分类，不同用户使用优惠券有不同的激励方式。例如京东的京豆就比较难达到它所规定的优惠条件，但京东会经常不定时地发放一些优惠券，比如通用优惠券和限定类别的优惠券，通用优惠券在任何商品类别中都可以使用，并且只要购买商品就能使用。

此外，当当网也会根据用户购买书的总金额来设定用户角色，比如黄金会员、钻石会员等。级别低一点的会员每次购书满 49 元包邮，而级别高的只要购物满 39 元就可以包邮。在最终结算的时候，当当网还会在此基础上进行再一次的总体优惠或者积分抵现，这也是一种变相的发放优惠券的方式。

要想做好平台产品，提供多元化的服务是必不可少的，每项服务之间还要能够相互带动、相互协调、共同发展。定期或不定期发放优惠券能够帮助用户降低获取产品的成本，提高用户的满意度。优惠券还能引导用户从某类商品到下一类商品进行消费，是实现用户增值的重要手段。

当产品处于价格变动期的时候，为了安抚用户，防止用户流失，让他们平滑地度过这个阶段，企业就要通过优惠券模式实现实际支付时价格的优惠，这之后再去引导用户消费习惯的改变。在价格稳定的时候，依然可以通过优惠券方式来培养用户的信任感。

代金券作为用户运营中的一个重要的营销手段，在策划时不能忽视每一个细节，企业要利用代金券激励用户从新人走向成熟，为平台做出贡献、带来利润。

9.3.4 用户套餐折扣满减

许多外卖平台经常使用用户套餐满减方法来促销，比如美团、百度外卖、饿了么等。用户在平台上订两人份或者三人份的餐，就会得到折扣或下次订餐的优惠券。

此外，还有一种减免形式就是“满 100 元减××元”。我们买东西时可能会为了优惠券或者免邮而凑单，这种情况经常会导致我们实际购买的东西超出我们的预计，这就正中商家的下怀，他们所希望的就是我们尽可能多地购买商品。

事实上，运营商不仅会经常开发新的套餐来吸引新用户，还会对旧的套餐用户做出许多让步，此外还有很多种优惠形式。

（1）为老用户提供服务。比如中国移动为了培养用户使用流量的习惯，向老用户让利，推出很多新的优惠套餐给老用户，赠送更多流量；中国联通则会赠送短信和语音服务给老用户。

（2）用户的押金可以分期返还。

（3）套餐不变，套餐内业务量增加。

（4）可以低价购买流量包。例如中国移动推出了 60 元 6GB 全国流量半年包“任我享”。

（5）超级套餐中的流量双计费或三计费，有效减少用户实际支付。

（6）经营者设置新套餐时，对老用户开放，同时考虑新用户。

中国移动推出新版套餐时，新用户和老用户同时都能使用。

9.3.5 用户评价成长体系

用户评价对于销售行业来说，是提升用户购买率、带来新用户的重要手段，是实现可持续发展最有效的方式之一，用户评价对于吸引消费有着十分重要的作用。

例如，我们在网上购物的时候，如果遇到同款手工制品，通常都会货比三家，看看价格哪家更优惠，如果价格相同，就会看销量看评论。如果两家评价不一样，我们当然会选择评价好的那家购买产品。这也是一种从众心理，用户从评价中得到了安全感，得到了自己想要得到的答案。

建立评价系统要注意以下四点。

1. 信任感

企业要为第一次购买产品的用户提供安全感，因为第一次购买产品的用户对产品不够了解，不会对企业产生信赖，所以企业为了更好地销售出产品，就要主动为他们带来信任感。让他们通过其他用户的评价直观感受到企业的产品质量是可以信任的，是值得他们购买的。

2. 认知感

用户的评价给企业的产品带来的最大好处就是买家秀。用户从真实的图片感受产品是好还是不好，也是对卖家秀的一种验证方式。因为卖家秀有的时候会因为拍摄的光线产生色差，而用户一般都会对卖家秀产生怀疑。因此，让评价中的图片说话，是提升新用户认知感最直接的方式，也是增加彼此信赖度的一个过程。

3. 从众心理

曾经有一个心理学家做过一个实验：拿两根长度不一样的小木棒，问十个人，哪根长哪根短。其中有九个人提前被告知要说比较短的木棒更长。于是在得知这九个人的答案都是短的木棒更长时，第十个人也认为这根短的木棒更长一些，这就是从众心理导致的结果。很多人在潜意识里都相信大多数人所代表的意见是正确的，因此会选择相信更多人赞同的那个答案。企业的评价系统就是要用真实的数据，让新用户相信企业的产品。购买产品的用户越多，吸引的新用户也会越多。

4. 客观的评价

每个用户评价产品时，都是站在自己的角度去看问题的。因此，当潜在用户来看评价的时候，这些评价就是很客观的，有好有坏的评价更真实，也能够帮助产品被更多的人购买。

我们在设计评价系统的时候，应该注意以下问题。

1. 及时更新评价规则

产品的评价关系到用户的信用体系，评价的规则应该随着评价量的上涨及时更新。买卖双方也要达成一个共识，不能出现恶性竞争的情况，比如删除评价、擅自更改评价，这都是在破坏评价系统。

2. 体验评价产品

在产品优化过程中，企业可能会忽略用户的体验。企业可以增加一些功能，但不要增加得过多，否则会造成成本过高，以及不必要的时间浪费，反而达不到企业所希望达到的效果。除了设计对产品本身进行评价的系统外，还可以设计针对某个人的评价体系，例如店内的服务人员、送货人员等。

总而言之，用户评价系统一定要最简化，既节省成本，避免不必要的浪费，又要让用户觉得使用方便快捷。

9.4 如何做好活跃用户的数据分析

数据分析是一种科学的数学方法，是指用合适的统计分析方法对收集到的大量数据进行分析，从中收集有用的信息和数据，形成结论，再对数据进行详细研究和概括总结的过程。在用户运营的过程中，数据分析可以帮助运营人员对事情做出判断，以便采取相应的行动。

9.4.1 常用促活数据分析技巧

为提升用户活跃度，用户运营人员要学会利用三种数据图谱提升数据分析技巧，这三种图谱分别是关联图、系统图和矩阵图。

1. 关联图

关联图又叫关系图，就是把问题与现象相互关联的各种因素串联起来，使之成为一个图。通过关联图，掌握关联关系和关联要点，进而抓住主要问题，寻找解决对策。关联图能够表示关系比较复杂、各因素之间有相互关联的因果，是一种能够根据逻辑关系理清较为复杂问题的方法。

企业利用关联图进行促活数据分析时，要把影响促活的原因及促活中遇到的问题列出来，找出它们之间的关系，并把相互关联的原因与问题相连接，这样就比较容易找到解决问题的思路。

2. 系统图

在促活中企业可能经常会遇到很多问题，比如留存的用户与企业互动得越来越少，但企业却不知道哪里出现了问题，这时就可以使用对策型或原因型系统图，将相关问题展现出来，让问题解决变得更容易，如图 9-6 所示。

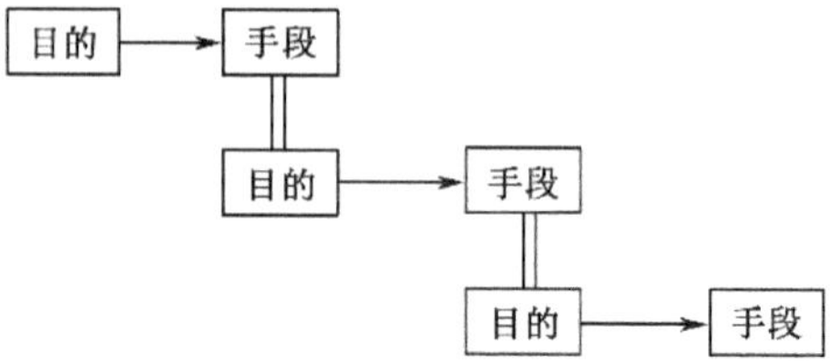

图 9-6　系统图

系统图可以将原来较复杂的问题简化，将问题一层一层地揭开，并找到出现问题的原因，用最合适的方法解决问题。

3. 矩阵图

矩阵法就是从多个层面的问题事件中，找出相对应的成因，排列成矩阵图，根据这个矩阵图分析问题，找到问题的关键点。矩阵图是一种通过多种因素综合分析思考的数据分析方法，能够清晰地展现和分析促活数据。

9.4.2　日留存数据

大多数人应该都听说过扎克伯格的 Facebook。在 Facebook 平台流传着这样一个规则，那就是“40-20-10”。

规则中的这三个数字代表着次日留存率、第 7 日留存率及第 30 日留存率，具体说来就是，如果企业希望自己的产品的日购买人数达到 100 人，那就要想办法保证新用户的次日留存率大于 40%（400 人），第 7 天的用户留存率要大于 20%（200 人），等到第 30 天要保证用户的留存率大于 10%（100 人）。听起来这已经是少得可怜的留存率，但实际能真正达到这些指标也并非一件容易的事情。

日留存率可以以最快的速度帮企业判断平台的黏性到底有多强。企业可以通过日留存率的数值来判断一个平台或产品的质量好坏，一般来说，日留存率能够达到 40%就代表着产品是很优秀的。如果没有达到这个数字，就可以通过将产品的新手引导设计与新用户的转化路径相结合，来分析用户留存率没有达到标准的原因，并通过不断地调整和改进，降低用户流失的速度，提升用户的次日留存率。

9.4.3　评论的价值

据统计，超过 70%的中国人都会在购买产品之前查看评论，了解产品的相关信息。这说明评论信息可以影响大部分用户的购买行为，还会直接影响用户的消费转化率。但根据第三方公司收集到的数据来看，愿意留下评论的用户只是很少的一部分。

从目前的评论前景来说，大部分商家还是无法获得足够多的评论信息，有很多商家产品的评论数为零。这说明用户的购买行为没有对商家做出贡献，因此要采取各种措施，主动获取更多评论。

在用户看来，经过 100 个人评价的 9 分产品比 3 个人打 9 分的产品更具有吸引力和说服力。当然，当某件产品拥有了很多的评论信息时，就会在搜索时产生关键字，这对于产品销售来说是非常有利的。

从用户的利益出发，用户查看评论信息，能够解决对产品的一些疑问，获得一些帮助，从而做出是否购买的决定；从商家的利益出发，商家收集这些用户对于本产品的评论，更有利于完善产品的服务和质量。充分利用这些评论，可以降低用户的退货率，提高用户转化率，增加人均消费额度及用户的忠诚度。

不过，要想让评论发挥出最大的价值，最重要的还是保证评论的真实性。很多建立评价体系的网站最开始的意图很好，但是久而久之就被一些别有用心的人利用牟利，比如一些商家的评论前台只显示一些长篇的、拖拉的评论，其中的赞美之词让人尴尬，而有些用户写得很真实、很简洁的评论却不被商家公布，这样就显得很不真实，无法让评论发挥出它应有的价值。

评论系统在方便用户的同时，还可以让企业更好地了解用户的建议和需求，并将信息及时反馈给后台操作人员，让他们更好地完善购买流程及售后服务，提升用户的产品购买体验。

第 10 章

用户流失与用户召回

企业在做用户运营的时候，最让人头疼的问题莫过于用户的流失。造成用户流失的原因有很多：产品的质量令人不够满意、产品的功能不能够满足用户、产品的外形不够美观、产品更新换代的速度过慢等。对于用户流失问题，企业不应消极规避，而要积极寻根溯源，找到用户流失的原因，通过产品功能的更新、外观的优化等进行解决，从而召回流失用户。

10.1 正确认识用户流失

在召回流失用户这项工作开始之前，企业要弄清楚一件事：符合什么条件的用户才能够被定义为流失用户。是数个月没有访问过平台的用户？还是经常访问我们平台，但几个月内没有任何购买行为的用户？这些要根据平台的实际情况来定义。在确定了流失用户的条件之后，接下来就要根据流失用户的特征展开工作，调整运营策略。

10.1.1 区分常用用户与流失用户的方法

常用用户与流失用户很好区分，经常登录平台购买产品的用户就是常用用户，一般超过一到两个月不对企业的平台进行访问的用户就可以定义为流失用户。当然这里说的流失用户是指那些曾经访问过平台或者注册过账号的用户，但还是要根据平台的特性具体来判断用户的类别。

比如在QQ的巅峰期，基本上每个人都会注册QQ号，每天进行登录、升级、游戏、聊天等一系列操作，活跃用户数量庞大。但是随着微信等其他社交产品的流行， QQ曾经一统天下的局面结束了，虽然现在仍然有非常多的QQ用户，但是有一些曾经的QQ活跃用户现在使用QQ的时间越来越少了，有些用户甚至半年或者一年都不再登录QQ，这些用户就是流失用户。但也有一些用户可能近一个月或两个月不登录QQ界面，却还在为自己的QQ号充钻，这些用户仍然是QQ的常用用户。

一个平台的用户流失是不可避免的，新老用户的不断交替是产品更迭升级的正常现象，但企业可以从流失用户的比例和变化的趋势中寻求突破，创造出保留新用户的产品，从而提高保留用户的能力，找出产品的发展趋势和空间。

10.1.2 流失用户的数据表现

想要分析用户的流失原因，就要对用户流失情况进行详细的监控，用数据表示流失用户的情况，更有利于直观感受用户流失率的变化过程，如图10-1所示。

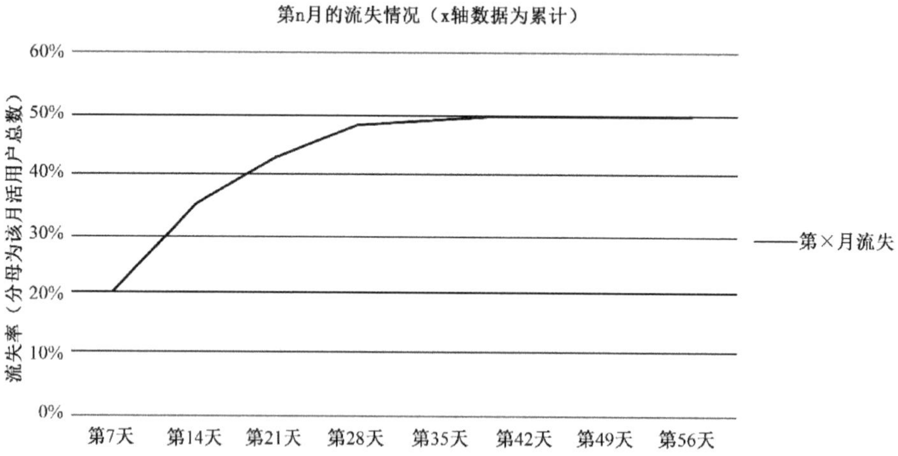

图10-1 用户流失变化过程

图10-1展现了整体用户流失情况的监控数据，所表达的重点在于用户的流失率是否处于稳定状态。正常情况来讲，新用户的流失率要高于老用户的流失率，但是相较于新用户的流失，老用户流失的影响更为严重。因此，当企业发现老用

户的流失率增高时，就要对流失掉的用户进行更详细的分析，将流失掉的用户分类，做好流失用户的跟踪记录，并根据分析出来的结果对之后的产品进行优化。解决问题要从根源出发，只有提高产品质量、优化产品功能，才能从最大限度上降低用户流失率。

任何产品都避免不了新用户流失的问题，随着时间流逝，用户流失率甚至会越来越大。一个产品上市之初，初始用户的质量是相当高的，随着产品用户规模的扩大，用户的质量就会有所下降。因此，必须要重视老用户的留存，并注意通过不同渠道来注册使用企业平台的用户的留存问题。

有人说，渠道是无处不在的，它贯穿于整个运营体系之中，留存的曲线图也要按照渠道做进一步的细分与对比。比如，当发现次日留存率相对较低时，企业可以罗列出所有渠道的次日留存率，以此来更加全面地认识留存，从而对渠道价值进行有效监控。

有的时候，企业监测到的数据并不是很准确，因为有些用户虽然需要产品，但并不会经常购买，这些用户实际上并不是真正的流失用户，针对这种情况，企业要对其进行更进一步的监测与跟踪。

10.1.3 新用户流失率重点关注

企业平台如果吸引了一批新用户注册，就是一个好的开始，接下来要做的就是分析新用户的留存率，想办法将这些新用户留下来，让他们持续不断地为平台带来价值。

为什么说新用户的流失率要重点关注呢？新用户刚刚进入企业体系的时候，对产品和平台都不是很熟悉。这时如果没有适时地引导他们，用户就有可能认为企业对他们不够重视，继而失望离去，这会导致企业很难挽回这些用户。

一旦用户真的流失，企业就要想尽办法挽回他们，而不是放任自流，因此要重点关注以下几个问题。

1. 流失用户的调研

对于能够接触到的流失用户，企业要对他们进行分批或一对一的调查，找出流失的原因。一般情况下，用户流失的原因主要集中在产品、运营、售后服务三个环节。一定要弄清楚用户为何流失，不做调查而盲目地召回流失用户，很可能会让这些用户对企业更加失望。

2. 产品或内容的改善

了解了用户流失的原因之后就要对症下药。针对产品和服务环节进行优化升级，顾客就是上帝，只有让用户满意，才能促进产品的发展及销售业绩的提高，让平台发展得更好。

3. 及时沟通

企业不能直截了当地提出挽回流失用户的请求，这不仅会让用户觉得很唐突，还会让原本对企业不满意的用户更加愤怒。因此，在提出挽回请求之前，先要与用户进行沟通和交流，告诉他们企业做了哪些完善，语气要诚恳，让他们感受到企业的诚意。

4. 重视利益

改善的措施完成后，企业可以采取一系列措施引导流失用户回流，除了上面所提到的及时沟通以外，增加回流利益的触点也是一个不错的方法，不过还是需要进行一系列的结果跟踪才能得到更加准确的答案。

10.2 用户流失分析的四个误区

正确地分析用户流失的原因是重新召回用户的关键。但在分析用户流失情况时，企业常常会陷入某些误区而不自知，甚至由于判断的失误降低了用户回流的效果。本节将为大家具体介绍用户流失分析中常见的四种误区。

10.2.1 样本选择错误

企业在分析用户回流的时候，可能会在样本选择上产生失误。这是由于在分析前选择样本数据的时候，企业没有做好事先的排查工作，导致在采纳的数据中，把真回流的用户和假回流的用户混在一起进行分析，从而得出一些具有偏差性的分析结果。因此，在做用户流失分析之前，要先分析回流用户的特征，排除那些活跃周期较长的用户。

计算平台总的用户流失数量比较简单，举个简单的例子，假设我们认为超过一个月未登录的用户即为流失用户，那么总的用户流失数就是：“当前时间点－用户最后一次登录时间点＞一个月”的用户数量。但只计算出总的用户流失数量对于分析用户流失是没有太大意义的。因为在大部分情况下，所计算出的这个数值一直是处于递增状态的。而企业所需要做的是计算出用户的流失总数占总的用户数的比例是多少，以及新增流失用户的数量，并观察它们的变化趋势。

是否是流失用户是根据用户最近一次登录的时间来判断的，所以要分析流失用户就需要找出每个用户的最近登录时间。不同的网站判定的结果应该是不同的，因为每个网站的时间间隔会有所不同，最长甚至会达到一年，这为企业获取数据制造了一些阻碍。当然，为了方便分析注册用户，企业常常在数据库中建立相应的数据表来存放用户信息，并在建立用户的基础信息数据库的同时，记录每位用户最后一次登录的时间，这样才能准确地计算出每位用户最后一次登录距离目前的时间间隔是多少，并以此来区分哪些用户属于流失用户。

10.2.2　不分析用户行为

企业在进行用户流失分析时容易陷入的第二个误区就是不分析用户行为。

不分析用户行为是指当企业发现用户流失之后，就简单地认为这部分用户流失了，而并不知道他们流失的原因是什么，也没有对用户的流失行为做出积极的分析，从而不了解用户行为背后更深层次的原因。

要想分析用户的行为，就要从用户黏性入手，用户黏性包括用户的访问频率和访问间隔时长。

1. 访问频率

用户的访问频率能够体现出用户对企业的产品是否有兴趣，是否有想要购买的冲动。有些研究认为在黏性还没有产生时，部分黏性等同于忠诚度，因此可以认为用户的忠诚度是用户黏性的前提。

2. 访问间隔时长

如果平台不花时间和精力维护用户，或者产品不再更新换代，那么即使之前产生了用户黏性，也会随着时间的流逝而消失。用户不会一直等待，即使已经形成使用习惯，他也会因为需求而转投到竞争对手那里去购买替代品。

案例

我曾经工作过的公司旁边有一家餐厅，我们公司的职员每天早上都会去那里排队买早餐，而这家餐厅的旁边还有一家小饭馆，由于看上去不够高端，没有什么人去吃饭。后来，生意兴隆的餐厅因为老板家里有事，整整休息了两个月，而旁边那家小饭馆一直营业。等到餐厅老板回来以后，他发现原本天天排队的职员们再也不来他家买早餐了，因为职员们已经习惯去小饭馆吃饭，久而久之，这家餐厅生意越来越差，最后无奈之下只好关门大吉。

上面这个例子很好地体现了忠诚度和用户黏性的关系。一开始，职员们喜欢去餐厅吃早餐，是因为这家店看起来比较高端，顾客也因此形成了习惯，也就是忠诚度，所以宁愿排队等也要在这里吃饭，这就是用户黏性。这种黏性既容易得到用户，也容易失去用户，因为他们并不是非他不可。因此，在餐厅暂停营业以后，顾客们为了找替代品而去小饭馆就餐，久而久之，用户就形成了对小饭馆的忠诚度，这就导致了餐厅的用户大量流失。

10.2.3 流失期限定义不合理

有些人看到其他平台将用户流失期限定义为半年未登录，就将自己的用户流失率定义为半年未登录，人云亦云，却从来不思考，为什么人家平台定义用户流失率是半年，自家的平台和人家的平台有哪些异同，这样定义是否合适。

企业全部的用户流失研究都是围绕流失用户而展开的，因此，企业需要找到流失用户，访问他们，倾听他们对产品的需求和使用感受，找出他们在使用产品时的不满和疑问。

为了能够迅速并准确地找出产品的目标群体，企业可以对流失的用户进行这样的定义：在较长的一段时间内，未进行过具有关键性操作行为的疑似流失用户。不过在这里还是需要结合产品的特性来确定关键点。

1. 用户购买产品的点

用户购买不同的产品，关键点是各不相同的。例如音乐平台中的关键点是购买音乐或者购买其衍生品，购物类平台中的关键点可能是浏览或购买商品。

2. 未访问的时间长度

如果用户一个月都没有再访问企业的平台或购买产品，就可以判定这个用户为流失用户，例如一些社区或交友类平台如微博、陌陌等。但像购物类平台可能要等三个月甚至半年，如果发现用户一次都没有访问过平台才能被认定为流失的用户。

那到底该如何确定一个合适的时间范围呢？有以下两种比较有效的方法：

第一，经验法。企业可以根据之前的经验积累及监测到的产品的数据来确定流失的时间点，确保这个时间点是足够准确且合适的，并且和团队内的所有成员达成共识。

第二，拐点法。确定用户的流失期限与用户的回流率，建立未使用比例的相关曲线，并在合理的范围内选择合适的流失时间间距，如图 10-2 所示。

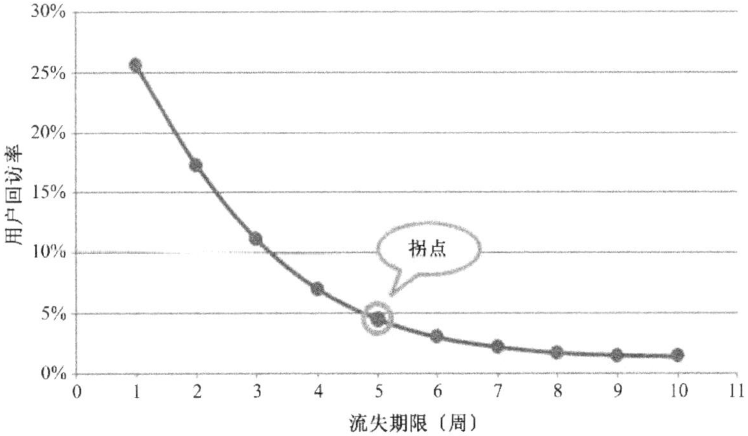

图 10-2 拐点法示意

由图 10-2 可知，用户流失的周期越长，回访率的概率也就越低。用户流失的第 1～5 周，用户回访率呈直线下降；用户流失的第 5 周，是一个明确的拐点；第 5 周后，用户对产品基本就不存在热情，回访率在 1%左右。如果在第 5 周，运营人员能够通过恰当的活动，或者以产品更新的形式提醒用户，用户被召回的概率会很大。第 5 周之后，用户对产品的热情几乎消失殆尽，很难再被召回。

另外，可以根据用户注册时留下的手机号或者邮箱号来取得与用户的联系，但企业在联系他们之前要注意把握好分寸，不能让用户觉得被骚扰，要给用户传递出企业很重视他们、想为他们做得更好的诚意。

10.2.4 想尽可能多地挽回已流失用户

想办法挽回流失的用户是对的，但是这并不意味着企业要把所有的时间都花在挽回流失用户身上，企业更应该做的是减少新增用户的流失，这才是有效控制用户流失率的手段。如果企业选定三个月作为用户流失的时间，那么从新用户进入平台算起的三个月内，企业要使用一切办法，避免新用户的流失。

避免新用户流失的方法是什么？这需要从用户流失的原因中寻找。

在分析用户流失的原因时，除了需要分析用户行为数据之外，还可以采用调查访谈的方式和用户直接一对一面谈，询问他们不再使用产品的原因究竟是什么。在和流失用户交流的时候，一定要“刨根问底”。

比如，企业在访问一个用户时，首先会询问用户不再使用产品的原因是什么。用户可能会回答说是因为产品比较麻烦或者不实用，在问到此处时不要放弃访问，要继续问下去。要让用户说出来产品哪里比较麻烦，又哪里不实用，一定要问出具体的细节，然后让用户举例说明，应该增加哪些功能或者应该做出哪些改进。只有这样才能达到访谈的效果，企业才能知道到底是产品的哪一环节出现了问题，要通过这次访谈清楚地认识到产品的不足之处，再想办法解决问题。

用户流失分析还是要从产品的角度出发，不论是对用户进行访谈，还是采用其他的调查方法，所询问的问题都要紧贴产品，从产品的角度分析用户的流失原因，才能从根本上有效控制用户流失。

有些时候用户也不知道自己想要的产品应该有哪些功能，他们并不能清楚地知道自己对产品细节具体的需求，而是在看到产品之后才知道自己是否需要。

曾经有人说过：“我们的产品创新在于不是创新出别人需要的东西，而是我们要比用户更了解自己需要什么，我们创新出一种产品以后，用户才意识到原来这是自己需要的。这样的产品才会源源不断地收获新的用户，同时又不会失去太多的老用户。也就是说，我们要有预知的能力，我们创新出产品，让用户看到产品才觉得恍然大悟：原来这就是我需要的产品！”

因此企业在做用户运营时就需要有敏锐的市场触觉，了解用户的需求点，及时完善产品的功能，在合适的时机对产品进行改造升级。

我们不仅要对自己产品的数据进行分析，还要了解用户的真正需求，要知道用户需要什么，什么样的产品功能受欢迎，才能进一步根据这些数据对产品进行优化升级。要从用户的角度对产品、平台等环节进行优化，例如将用户的热搜页面设置在显眼的位置、对于产品的展示陈设页面进行顺序的调整、优化商品的布局等。

10.3 如何有效减少用户流失

企业在做用户运营的时候，总是希望能够最大限度地减少用户的流失。造成用户流失的原因有很多，比如产品的质量不够令人满意、产品的功能不能满足用户需求、产品的外形不够美观、产品更新换代的速度过慢等。如果不重视用户流失这个问题，不弄清每个流失用户对产品不满意的具体原因，这对于产品的长期成长及平台的长期发展是非常不利的。要想有效地减少用户的流失，必须从运营和产品这两个方面具体来分析。

10.3.1 产品循序渐进，不要一次改动过大

要想有效地减少用户流失，就要不断地对产品进行更新改版，但不是大刀阔斧地改就能留住用户，相反这种行为还会导致产品功能变化过大，让用户流失得更多。比如某网站曾经想通过不断地改版来挽回流失用户，但是该网站的每次改版都遭到很多老用户的反感。相似的例子还有很多。

有时企业的产品经过改版拿去给用户体验后，可能会得到令人失望的答案，比如这根本不是我想要的产品、还不如以前的版本好呢等。盲目改版不仅没有挽回流失用户，还会让一些老用户失望离去。

所以产品更新要循序渐进，分步进行。每一次的更新都只进行小幅调整，平滑过渡，一步一步地改动，引导用户了解并使用产品的新功能。例如企业要改变的地方共有五处，那就一个一个地改，让用户在心里有一个缓冲的过程。还要注意改后的内容不要过于复杂，要精简产品的操作流程。

当然产品改版后，可以先进行小范围的实验，从忠实的老用户中挑选一些人试用，让他们先体验新版产品，并让他们填写反馈表。企业将要更改产品的五处地方分别发放到不同的人手中，察看每处更改结果的反馈，明确最受欢迎的改进和不够令人满意的改变。这样做可以节约调查时间，并根据反馈结果做进一步的改进并决定是否进行大范围推广。

案例

图 10-3 所示为一个很火的漫画社区的改版历程。这个社区先是确定产品的目标，然后划分用户群，再从不同的维度对新老版本进行对比，从而发现有趣的现象。基于这种有趣的现象对产品进行改版，并对改版效果进行衡量，最终实现目标。这一系列的流程，中间的任何一个环节都不可缺少。

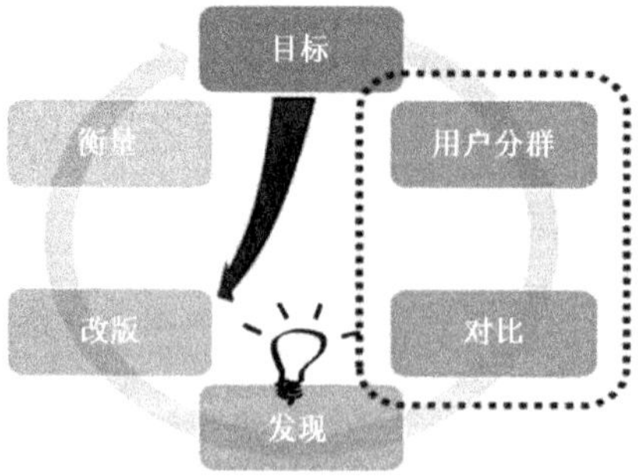

图 10-3　某漫画社区的改版过程

产品的改版就像报纸改版一样，是很常见的事。但改版不可能满足所有人的口味，改版就是改变某些用户的使用习惯，每次改版势必会带来一些用户的流失，同时也会因此吸引一些新的用户，只要新增用户大于流失用户，那么这次改版就是成功的。企业在改变产品的一些功能或外观时，一定要多多从用户的角度去看产品本身，从用户的角度考虑产品的性能，还要注意改变的循序渐进。

10.3.2　运营推送精准，不打扰用户

推送作为运营中最常见的手段之一，其实是一把双刃剑，既有好处也有坏处。推送是能够接触和影响用户的最高效渠道之一。其好处在于能够快速地提高运营的效率，坏处是过度的推送容易造成用户的反感，影响用户的正常工作和生活，让用户认为企业的推送是一种骚扰，甚至卸载产品。

因此，很多运营人员在使用推送方式时，都比较小心谨慎，因为推送很容易影响用户的体验。但实际上，如果推送做得好，会给企业的平台和产品带来很好的效果。

怎样让推送达到最佳效果呢？一共有三个核心注意点：

第一，推送用户数。指的是推送的目标用户数量。通常来讲，以用户的设备数而不是以人头数为基准，因为有的用户可能拥有不止一台手机。

第二，消息到达率。指的是我们的推送成功到达用户的手机中并向其提示。推送的到达率绝对不会是百分之百，因为这个过程中会出现各种各样的情况，比如用户没有联网、用户将平台卸载、用户屏蔽推送消息提示等。

第三，用户打开率。用户打开率就是用户收到推送后点击消息提示并打开的成功率，这也是完成推送全部过程的最后一步，是衡量推送消息的价值的核心。

推送的方式有两种，一种是系统推送，另一种是运营推送。

1. 系统推送

系统推送就是企业在后台写好程序，定时定点地将消息推送出去。常见的推送有购物网站中“您的快递包裹已发出”提示，以及游戏中“您的能量已经充满”的提示。企业可能经常会认为系统推送只要做到提醒用户就可以了，但如果只是

冷冰冰地提示，时间长了会让人麻木，企业可以通过创新提示方式来提升用户体验。

比如用户在网上购物之后，系统会以短信的形式发出一条消息：“您的宝贝已经被小天使带走，正在努力赶往您的身边，请耐心等待哦。”

这样的推送内容考虑到了用户的感受，用户在购物之后急切地等待着包裹的到达，企业适时地推送一条这样的消息，让用户内心的焦灼感适当地减弱，拉近企业与用户间的距离，给用户带来不一样的购物体验。有些用户甚至还会把这样的提示消息截屏发到朋友圈里为企业间接宣传，企业何乐而不为呢？

设置推送消息并不是为了解决问题，而是为了运营。就算是系统推送，企业也可以通过统计用户的打开率，不断优化提示文案，将运营做得更好。

2. 运营推送

运营推送就是后台的运营人员人工推送的信息。很多运营人员都喜欢推送，因为这基本上是提高关键业绩指标的最快捷的手段。常见的形式有热点内容推送、活动营销推送等。

运营推送的好处是能够有效地提升用户的活跃度及用户的留存率，增加产品的功能及活动的参与和渗透率，同时还能有效地召唤流失的用户，但有可能会让用户感觉被骚扰。

那么如何才能做好精准运营推送，并且还不打扰到用户呢？

1. 场景化

推送信息人员是在媒体后台进行操作的，他不能与用户进行有效的沟通。运营人员在每次推送之前都可以设想一下，如果自己是被推送的用户，在收到推送信息时正在做什么，上班还是挤地铁？收到推送的消息会有什么反应？

所以除非出现了自然灾害，否则就不要在半夜打扰用户。如果是赶上周末，那就不要在早上六点到八点之间推送。当然，如果要推送的地方有时差，那推送时间就要后移。

2. 个性化

说到推送的个性化，可以将其分为两种：一种是推送策略的个性化，一种是文案参数的个性化。先来说一说文案参数的个性化，简单地说，就是企业可以自定义参数。

例如，企业推送消息时，将称谓具体化，把“用户你好”改成“×先生/女士你好”，这样推送就从生硬的群发变得更亲切，更能体现对用户的尊重，这就是个性化参数。

3. 用户人群

经常上网购物的人应该都比较了解，很多购物平台都会根据用户的购买行为、浏览记录将不同产品推荐给不同的用户，比如给女性用户推送经常购买的衣服、鞋子或化妆品，给男性用户推荐数码产品或运动产品。这是根据用户的需求所进行的精确推送，也是精确运营的基础。

很多运营人员并不能够做到精准推送，经常不思考就给所有用户群发。有人曾经做过一个实验，用多部手机证实过很多产品的推送逻辑，以此证明无差别群发不是一个好的运营策略，因为企业永远不能保证每次推送会得到所有用户的喜欢。如果为了让推送内容得到更多用户的喜欢而增加推送的频率，这又与不打扰用户的观念背道而驰。

用户人群的推送基础是用户的画像和数据指标。通过不同形式的组合，会产生无数种推送策略。如果产品以内容取胜，那么每天多做几次精准推送也并无不可。

4. 用户体验

运营推送应该从人的角度出发，站在用户的角度思考。例如如果有一个不错的论坛型平台，平台里经常发布很有营养的内容帮助用户增长知识，回答问题的用户一般都是行业精英。那么如果企业经常推送给用户的是用户已经看过的话题，他们同样会觉得被打扰。

可以看一下自己的手机，有多少推送消息是被我们屏蔽的，还有多少是被我们忽视甚至取消关注的。因此，企业要想有效地减少用户流失，就要做好精准的运营推送。

10.3.3 流失用户回访要及时

回访流失用户时，时间点的选择很重要。首先要知道用户是在什么时间离开的，这一点非常重要。

选择时间点时，要找出最重要的三个数据：首次登录的时间、最后登录的时间及这两个时间点之间登录的次数。

除此之外，还要分析用户的生命周期。用户的生命周期可以分成以下五类。

1. 获取期

也就是新用户进入产品的时期，他们会通过广告、活动等方式知道企业的产品，并进行第一次体验。

2. 提升期

用户初次体验好的话，一定会对产品有一个好印象，第一印象很重要，因此他们有可能会进行复购，这样用户就同企业建立了较为亲近的关系。

3. 成熟期

到了这一阶段，用户就不再是简单地复购产品了，他们还可能会购买企业其他类型的产品，这类用户算得上是企业的忠诚用户。

4. 衰退期

在这个阶段，用户已经开始渐渐地有了减少购买企业产品的念头，并会减少浏览企业平台的次数，这一个阶段需要引起企业的重视。

5. 离开期

这个阶段就是用户开始渐渐流失的阶段。

企业定义了流失用户之后，还要将流失用户分别对应上述五种类型贴标签，以分析用户是在以上五个阶段的哪个阶段离开的。

将流失用户分类很重要，因为不同阶段的用户流失原因是不同的，企业要有针对性地采取不同的策略来挽回流失的用户。

把分析出的数据与调研的结果相结合，就会知道用户所处的生命周期阶段、用户真正的需求、当初选择企业的原因及后来离开的理由。一定要针对各个阶段的用户采取不同的措施，以此来避免用户继续流失。

在进行回访时，用户已经知道企业要问的问题是什么了，但能不能让用户说出心里话，就要靠运营人员的说话技巧，这很考验运营人员的谈判技术。

回访最基本的技巧就是换位思考，因为如果只从企业的角度出发看产品，“当局者迷，旁观者清”，可能会觉得没有任何问题。

当企业站在用户的角度思考问题时，对话才能最高效，并且很容易地就能得到企业所想知道的信息，然后再有针对性地与用户好好聊一聊。在不断的沟通中，企业一定要对谈话内容进行有针对性的高度总结，当访谈结束后，再站回自己的角度归纳并解决问题。

10.3.4　对流失用户要区别对待

在所有的流失用户当中，有些是真的流失用户，有些不一定是真的流失用户，或者还可以挽回。因此应该将流失的用户区别对待，不要一视同仁。要研究每位流失用户的流失原因，这样不仅能够避免今后新用户的流失，还有可能挽回某些已经流失的用户。

所以在此之前企业还是要了解流失用户真正的内心世界，可以不关心用户是通过什么渠道来的，但是必须知道用户是因为什么而离开的。

要相信，在那些流失的用户中，很有可能还存在对企业的产品感兴趣的用户，他们可能只是因为某些原因而远离我们一段时间。

举一个例子，正如那些追星的“粉丝”们一样，一位“粉丝”因为准备考试，在一段时间内不能继续关注这位明星的动态，而选择将微博卸载，而在考试之后，他很有可能还会将微博重新下载回来。但有可能在这个过程中，这位“粉丝”对自己以前喜欢的明星已经没有那么喜欢了，因此也就对于微博这个平台不那么在乎了。但重点是这位“粉丝”对于微博并不排斥，这个时候企业所要做的就是适时地提醒他，这里有他所感兴趣的其他东西，很有可能这位“粉丝”会再次回到微博。

定义每位用户的流失特点，将这些特点以数据的形式呈现，做成表格并分析数据，划分出流失用户的层级，定义哪些用户是流失用户，哪些用户是初级用户、中级用户及深度用户。根据后台的数据直接在对应层级的用户中进行条件筛选，找出流失用户。

当然，企业还要结合产品的现状，将产品分为四类：稳定型、实用型、功能不全型、质量不高型。

在给流失用户拨打电话进行回访之前，运营人员一定要清楚地知道通过与流失用户的对话，想得到哪些信息、解决什么样的问题，这才是访谈真正的意义所在。

运营人员可将这些疑问分解成小点，再把自己想象成用户，站在用户的角度思考问题，再以这些角度设计想向用户提的问题。比如，在这次用户回访中，运营人员想知道移动端用户和计算机端用户分别会以怎样的原因而放弃使用企业的平台、这两种用户分别有哪些特征。

当运营人员将这些都分析完后，就可以进入到下一环节。要询问那些流失用户当初是什么原因使得他们选择了企业的产品，而现在不再关注产品的原因是什么，最近是否又在其他地方体验了相似的产品。当然，如果能问出最近体验的同类产品有什么优势会更好。

在这些可以挽回的用户中，运营人员可以根据挽回用户的总成本和总价值将用户再细分。

用户的总成本指的是用户购买产品所消耗的时间、金钱等，也就是用户总成本中的金钱成本、时间成本。

用户的总价值指的是用户购买产品所期望获得的服务及特权等一系列的利益，包括产品的价值、人工服务的价值和其他价值。

企业花了这么多力气去挽回用户，他们到底会给企业带来哪些价值呢？企业可以根据用户最近一次消费的时间、某段时间内所购买产品的次数、这段时间内购买产品所花费的金钱及用户的满意度等指标来判断。

当然，企业还是要真正脚踏实地地去落实这些建议，只有这样才会给企业的产品及用户带来最大的价值和利益。

10.3.5 建立用户流失预警机制

对于运营人员来说，最让人伤脑筋的事情大概就是用户流失了。其实用户流失这种现象任何企业都会碰到，但运营人员还是要针对不同的用户，建立动态的用户模式和完善的用户预警机制。

在用户与产品接触的实际过程中，可能会经历注册、使用、活跃、付费、离开等流程。

在这一系列的环节中，每一步都有可能会出现流失用户的情况。因此，在实际运营中，运营人员要严格把控每一个环节。如果把产品比作是一个房子的话，那用户注册就是打开房门的第一步，使用平台就是进入房间参观的第二步，活跃就是用户在这间房内入住，付费就是在这座房子里生活，流失就是从这里离开。

不论是用户注册还是用户流失，都是一种长期性的行为。所以企业在定义流失用户的时候，一定要在与用户的接触过程中建立用户流失预警机制和用户行为的模型，并用数据来分析用户通常都是在什么情况下流失的。

在使用用户流失预警机制分析用户具体行为模型的时候，需要注意以下几点。

首先，要明确流失的用户当初是通过哪些渠道进入并访问企业的平台的。将流失的用户按渠道分类，并逐一分析这些渠道的优缺点及这些渠道的引流量。

其次，分析用户流失以前的产品使用行为，因为流失用户通常情况下都是被产品的的某一点触发而产生离开的想法的。

最后，分析在用户流失的关键时间点，运营和产品到底在用户身上做了什么，分析这些做法是否给用户带来了不好的印象，这种印象会不会一直持续下去。在发现问题后，企业又该如何解决问题，这些都是运营人员需要继续考虑的问题。

比如很多运营人员认为上传头像只是一个小功能，起不到多大的作用，而且也不会涉及用户的核心使用功能，因此对头像功能较为疏忽。但其实头像虽小，作用却不小。以微信为例，在虚拟社区中头像是对方好友对运营人员的第一印象，他们从头像中可以了解运营人员的喜好，这对于用户更快更好地了解企业并与企业达成良好的关系起着不可忽视的作用。

在改进产品和运营时，不要做颠覆性改动，因为即使再小的改动都会影响用户的使用体验，所以每一次改动都要经过测试和论证，不出现问题才是最重要的。

如果要对产品和运营进行较大改动，一定要先知道为什么要改，还要与专业人士及用户进行交流，多听听他们的意见，这对于减少用户流失非常必要。

10.4 对流失及沉睡用户进行召回

所谓沉默用户就是注册了平台长期不使用，并且从来不购买企业的任何产品的用户，用户召回就是将沉默用户转化为活跃用户，简单来说就是当企业平台内的一部分用户因为各种原因不再登录访问时，运营人员要通过某种方式与流失用户进行交谈，并对他们产生影响，进而将流失用户召回到企业的平台，重新成为活跃用户。

10.4.1 整理流失用户诉求，确定召回策略

通常情况下，为了提升最终的效果，我们需要确定一个科学合理的召回策略，而在这个过程中，最重要的环节就是整理流失用户的诉求。那么，流失用户的诉求究竟应该如何整理呢？因为每个产品的特征、目标群体、功能都不尽相同，所以我们不能一概而论。但是这里面依然有很多要点可以了解和把握。

1. 网上购物平台的产品

一般来讲，用户对于这类产品的诉求是安全、实惠、方便，所以在推送信息的时候，要尽可能满足用户的上述诉求。当然，推送信息的时候也不能简单地告诉用户一些比较不重要的细节，例如，客户端的版本已经更新、拥有了哪些新功能或者新版块等，而是要强调产品活动、折扣优惠等。

2. 微博、脸书类的社交平台

用户对这类产品的诉求是社交、新闻资讯、话语平权等。因此在推送这类产

品的信息时，不需要告诉用户产品修复缺陷或者更新升级的情况，而是要告诉用户有新的粉丝关注了你、可能有哪些人是用户认识的，或者又有了哪些新鲜好玩的事情发生。这类信息虽然是我们主动推送的，却可以满足用户在离线时间内获取信息的诉求。

3. 娱乐新闻等客户端产品

对于这类产品来说，用户的诉求就是获得资讯、发表言论，所以在推送的时候，我们只要保证信息的精确性和及时性，就可以顺利获得用户的支持和喜爱。

实际上，用户能够被召回有很多种原因，也许是产品恰巧切中了他的需求，愿意再多留一段时间。如今，很多产品都在快速迭代，功能和系统都会出现非常大的变化，于是经常会出现这样的情况，用户对刚刚迭代的产品十分不熟悉，使用起来也不是那么容易，索性就狠心离开，不想再回来。

为了避免上述情况，那些有过大型迭代的产品，必须设置引导环节，为用户提供优质的服务，以便让用户在使用的时候可以更加得心应手。除了设置引导环节以外，我们还可以把一些与新功能有关的信息推送给用户，这样的话，用户在使用产品的时候，就可以立刻知道产品进行了哪些迭代，从而对产品产生更加强烈的好感。

总而言之，无论是确定召回策略，还是对用户进行运营，我们都必须要整理用户的真正诉求，然后再针对这个诉求开展工作。另外，最后需要注意的是，达成召回的目标之后，我们还要采取一些手段，让流失用户认识到产品的核心价值，从而减少他们的再次流失。

10.4.2 四种常见的用户召回方法

曾经有位老师给笔者讲过《周易》中的“否极泰来”这个成语的具体意义。“否”是不好的意思，“泰”是好的意思，从“泰”到“否”，也就是从好到不好，是非常容易的，但要是想从“否”到“泰”却十分困难。因为在一个圆中，按照顺时针的方向，从上到下是十分容易的，但再从下面逆时针上去，就是非常困难的。用户运营也是如此，可能一个细节的不到位就会成为他们离开的理由，但是要想召回流失的用户，却比让他们来更加艰难。

但即使在召回用户的路上布满荆棘，运营人员依然不能放弃，因为只有荆棘过后才会得到鲜花和掌声。下面来具体说一说用户召回的四种方法。

1. 邮件

邮件推送的优点是成本较低。众所周知，利用邮箱发送邮件是不需要付费的，并且还能在同一时间给多个用户发送相同的邮件。而且邮件的内容可以以多种形式呈现，比如音乐视频、图片加文字的PPT、表格等。

同时，邮件的缺点也非常明显，虽然在国外利用电子邮件进行日常交流非常普遍，但是在国内，邮箱用户并不习惯这种交流方式，一般有事才会登录邮箱，这导致了很多用户看不到企业推送的消息，因此，用邮件召回用户的概率比较低。

2. 移动客户端

企业用移动客户端给用户推送消息，用户打开的成功率就比较高，同时成本也很低，还可以实现群发和定向推送，推送的内容更加精准。

但这样做容易引起用户们的反感，严重的话，还会遭到用户的屏蔽和卸载。当然，移动客户端的推送内容比较单一，它只能依靠文案来吸引用户的注意。在自媒体十分发达的今天，用户对于这些移动客户端的推送早就习以为常了。

3. 短信

用手机短信的形式对流失用户进行召回的最大优点就是信息的到达率比较高，用户很有可能会查看信息，但是这种形式的缺点也十分明显，比如短信的成本比邮件高，通知的内容也比较单一，想要给用户留下印象，就必须撰写吸引眼球的文案。此外，短信还容易遭到用户的反感，甚至会导致用户的拉黑和举报。

4. 公众号

公众号推送的优点比较明显。首先公众号推送信息的成本很低，还能够比较容易地培养用户的黏性和忠诚度；用户对公众号推送的打开率也是比较高的，因为用户在上下班的过程中，经常会利用碎片化的时间阅读公众号推送文章来打发时间。

但是公众号的获取成本是比较高的，只有用户关注了才能推送，一旦用户取消对企业的关注，那么他就再也看不到企业的推送信息；而且公众号推送的内容必须要吸引人，因为自媒体时代，信息处于爆炸状态，用户的选择余地比较大，想要文章更好地迎合用户的口味，就必须有很强的文案功底才行。

10.4.3　如何提高用户召回效果

了解了上文中四种召回用户的方法以后，再来讨论如何提高用户的召回效果。

1. 邮件

利用邮件提升用户的召回效果，要慎重考虑文章的标题和内容是否符合标准，要写出能够吸引用户的标题和内容。标题一定要有吸引力，这样才能提高邮件被用户打开的概率，要把有趣的、能够吸引注意力的、主旨性强的内容放在最前面，可以参考一些娱乐新闻、社会新闻的标题。

2. 移动客户端

通过移动客户端来提高用户召回的效果也是一种不错的手段，具体来说有以下几个步骤。

第一要分析用户流失的原因。要想用这种方法提高用户的召回效果，首先要对流失的用户进行分析，了解用户的流失原因。需要对用户进行分类，再有针对性地进行内容选择，将其传给用户。一般来讲，用户的流失是因为企业的平台存在以下几个问题。

（1）推送过多，打扰用户。

应该适当减少推送量和推送次数，一般来说每次推送不超过三篇文章，每篇文章的字数不超过一千字。当文章超过两千字时，用户是很难有耐心读下去的，因此企业的推送既要有吸引力，也要提高质量。

（2）出现了更具吸引力的同类型应用。

当市场上出现了更好玩、更有意思的应用与企业进行竞争时，企业就要马上对应用升级换代，在功能上赶超其他平台，并且在应用升级出新以后，将出现新功能的信息推送给用户。

（3）忽视用户分析，定向推送。

许多人虽然每天都向用户推送高质量内容，但是仍然无法实现用户的召回。

这种情况是因为他们没有真正了解用户究竟想要什么。

首先要对用户进行定向分析。只有对用户进行精准的定向分析，才能更好地了解用户的需求，进而将信息定向推送给他们，达到企业想要的用户召回效果。用户分析基于大数据和用户画像，通过对用户数据的整理分析，将用户按照不同的维度进行分类，然后再把不同属性的信息定向推送给对应的用户。

其次要利用各种活动吸引用户。很少有用户会不喜欢活动，比如“满×××元减××元”“跟随购买的商品赠送礼品”的活动等。所以，利用活动召回用户，不失为一个好方法。

曾经有一段时间，移动的《消费中国》彩信报为了收集用户的意见，设置了“参与投票得流量”的活动，将这个活动以手机短信的形式发送给每个用户，让用户对消费中出现的问题和解决办法进行投票，投票之后还会拥有获得手机流量的机会。之后它每周都会给用户推送短信，发送近期的一些消费热点新闻并征求意见，一些人会为了免费得流量，参与到活动中去。

再次要对推送用户进行细分。在运营手机应用的过程中，为了将消息准确地推送给相应的人群，必须要将用户按照年龄、性别、爱好、地区、职业、学历等维度进行细分，并给他们贴上标签。可以通过用户注册的账号来收集用户的属性，为产品做精细化的活动运营，此外还要建立数据库，以便更好地积累用户数据。

那么如何才能更好地收集用户信息呢？

一方面，可以开展问卷调查、一对一访谈等活动收集数据。为了更好地鼓励用户参与到活动中来，可以用小礼物来吸引用户完成问卷调查或访谈。在调查问卷里用户选择的答案，就是企业给用户贴标签的具体依据。

另一方面，还可以创建带有活动标签的活动，让用户参与活动的时候自动贴上标签，参加活动的用户也会被自动分类。

最后要有固定的推送时间。要根据用户打开率来确定黄金推送时间，将时间固定在某一个时间段内，让用户有规律可循。比如晚上七点到九点一般是用户的娱乐休闲时间，他们会拿出手机浏览网页和应用，因此，可以在这个时间段进行信息的推送。

3. 短信

短信召回用户这种形式只能用简单的文字吸引用户的注意力，其中活动内容推送是短信推送比较有效的方式。可以在短信中设置一个链接，用有意思的活动来吸引用户打开短信点击链接，参与到活动中来。

用短信的形式推送信息，要注意推送的频率，谁都不喜欢不停地被骚扰，加上短信的成本较高，因此没有必要费力不讨好。

当然，用短信推送信息也要对用户进行差异化细分，用户对于自己不感兴趣的东西也会觉得很烦。

4. 公众号

公众号推送的内容一定要保证质量。公众号的运营有很多种形式，有趣的图片、视频，高质量的文案，以及能够引起用户共鸣的点，都有可能吸引用户打开推送信息，让他们重拾对产品的兴趣。

此外，企业不能为了召回流失的用户而忽视老用户，要针对老用户策划一些活动提高他们的活跃度，公众号就是维系老用户的一种很好的形式，企业要经常与老用户进行互动，增加他们自身的存在感，让老用户感受到企业对他们的关心。

第 11 章

四种常见的用户运营落地形式

“内容为王”是产品运营的关键，但是在大数据技术、互联网技术迅速崛起的今天，企业也要注重“渠道运营”。有效的渠道运营方式有很多，例如社区、新媒体、社群、活动运营等。在渠道运营的过程中，企业必须秉承精细化运营的理念，用最少的钱做最多的事情，这样才能够进一步降低运营成本，提高运营效率，为产品带来盈利。

11.1 社区运营

以前，社区只是互联网的一个小众产品，但是随着移动互联网的发展，这种情况发生了根本性的变化。在移动互联网上，可以带来高附加值的应该就是社区运营了。社区经营是一项规模小却能够产生高价值的精细工作。社区可以解决生活中很多方面的问题，比如与自己亲密圈里的人进行交流，解决生活中的困惑和问题，如新闻、娱乐、生活、教育、出行等。

11.1.1 社区 out 了吗

现在大家关注较多的运营平台是微信和微博，社区被视为即将被淘汰的互联网“老古董”，但实际上并非如此。很多人仍然热衷于加入标志性社区，比如知乎、豆瓣等，与他人沟通和交流。

在很多垂直领域，社区的价值远远大于微博和微信，比如新浪云、阿里云、腾讯云、电信云、京东云等云计算服务提供商纷纷花费很多精力建立社区，却不会在微博、微信投入很多，这是由产品特性决定的。云计算产品（这里指的是云主机、云引擎等）使用门槛很高，在微博、微信这些大众化、非专业化的社交媒体上传播官方文件和使用说明是很困难的，同时，由于表达方式的局限性，用户也很难通过微博、微信理解产品。在这种情况下，社区就是一个很好的传播平台。

与 PC 互联网时代强调突出个性不同，移动互联网时代是一个“物以类聚，人以群分”的时代。人是群居动物，也是社会性动物，因此，基于人群的社区应用在移动互联网时代会得到广泛应用。群体成员之间的互动与沟通、群体个性和行为的展现，都因为社区中许多成员的参与而变得更具影响力与传播性。

网络社区是指包括论坛、贴吧、公告栏、个人知识发布、群体讨论、个人空间和无线增值服务在内的在线交流空间，有共同兴趣的访问者会在同一主题的在线社区集中进行讨论。网络社区就像是小社会，在规模较大的成熟社区中，会涉及金融、经济、贸易、展览、管理及娱乐等方方面面的信息与服务。

在移动互联网时代，以个人为中心的产品设计将面临用户使用习惯变化的根本性问题，比如为了满足人们随时随地唱歌的需求诞生了唱歌软件，但是单纯唱歌孤芳自赏很难长时间留住用户，这时以“唱吧”为代表的基于社区的应用程序出现了，这些应用不仅满足了人们唱歌的需求，还满足了人们通过音乐交友的需要，因此每天都有大量的参与者使用“唱吧”。

通过不同的维度可以把人群划分成很多类别，而有多少类人就有可能产生多少社区，因此社区应用的市场是很庞大的，这种红利会在移动互联网时代得到很好的体现。

每个社区都会形成独特的文化氛围，久而久之，就会形成强大的社区关系链。关系链的稳定性不比 QQ 友情链接差，与自媒体相比，一个社区可以获得更持久和更稳定的关注。

11.1.2　垂直领域社区依旧坚挺

互联网社区需要具有综合性的特征，这个特征决定了互联网社区需要多样化的内容及更多的用户体验功能。因此，社区内容要保证深度和质量，社区功能及社区服务要多元化，不能被其他资源压倒。此外，社区要有强大的运营资源，在社区中还要建立科学有效的分管机制，实现生产内容和组织管理并行。

由于互联网垂直领域社区正处于建设和发展之中，很多垂直领域社区依然存在很多问题，这些问题可能会致使社区发展的脚步停滞不前，进而导致很多团队的发展受阻。

互联网垂直领域社区存在的问题有以下几种。

1. 社区平台太嘈杂

社区平台杂音太多，除了用户关心的信息之外，还存在着很多不重要的干扰信息。就像我们用电脑看电影时右下角跳出来的广告，会让人觉得不舒服，用户都希望自己在体验产品时不被打扰。垂直领域社区的用户同样也希望不被冗余信息打扰。

2. 社区服务功能弱

社区的服务依然处于初级阶段，很多社区只能提供基本的内容发布、内容分类和简单的筛选、推荐等服务功能，诸如用户的行为数据分析统计、私人推送等阅读服务功能还是很弱的。

3. 品牌社区缺乏

品牌社区不够强大，社区的品牌能力弱。很多细分垂直领域内容社区仍然处于野蛮发展的状态，缺乏优质的社区品牌。

互联网垂直领域的内容社区目前还在逐步地建设和发展之中，比较优秀的社区平台有知乎、豆瓣等。虽然并不是每个行业的细分领域都有靠谱的内容社区，但是社区发展了十多年依然坚挺，每年都有大量的用户参与到社区的建设中。

为什么社区经历了十多年的发展依旧坚挺？有以下几个原因。

1. 社区可以做深度的内容传播

豆瓣的产品原则就是用户参与。用户参与得越多，收获也越多。用户只有加入一个自己感兴趣的小组后，才能创建自己的小组，而且豆瓣会帮助用户推荐成员，但需要用户拥有九个以上的收藏并且要给出自己的评价。这样一来，那些想要表达的用户就会拥有自己的权利，在社区形成自己的小社群，发表一些看法和意见。用户在社群上花费了时间，自然也就不愿轻易离开，还能不断发现惊喜。

知乎的社区运营中，用户首先要找到自己社区的关键人物，也就是愿意为自己的社区付出、贡献的人，用户在社区中发布自己的原创内容，找到那些领域里的“领头羊”，激励他们，让他们为社区生产内容。利用各种方法，建立核心用户的激励制度，此外，还要善于发布具有争议性质的话题去促使用户生产内容。

一个社区需要有不同的声音，要有正方和反方的相互交流和讨论，既要善于激发正方发声，也要激励反方去辩驳正方，让社区变得活跃起来，形成良性的交流讨论氛围。

在垂直领域的社区中，要让用户形成自己的讨论习惯。社区要定时发起讨论活动，让用户在一起进行交流，比如将社区分类化，让每个用户都知道，继而照着这个分类学习。这更有利于用户掌握社区的归类性，用户就会更乐于参加社区的沟通交流，内容的建设也会越来越好。

2. 社区可以沉淀用户

那些自媒体平台，终究还是属于别人的平台，虽然在这些平台上面获取用户相对容易，但终究会受到平台活跃度的影响，没有办法把自己的产品用户留下来。

3. 社区能够使用户进行深度交流并拉近关系

做过社区运营的人会发现，有很多人是在社区里相识、相知，最终相爱成婚的，也有很多人成了朋友，一起去创业。因此，社区相较于一些普通的社交软件，也是非常能够拉近用户彼此间关系的。其他的一些社交平台只适合熟人进行感情交流及传播和推广产品，而不适合陌生人之间建立信任感，成为朋友甚至知己。在社交平台，用户之间对于产品的交流也比较困难。

有很多在社区待了很多年的资深用户，对于技术交流没有多大的需求，对于一些奖励和荣誉也不感兴趣，而且也不怎么参与话题的讨论，但还是坚持在论坛里活跃着，因为他们已经将社区当作是自己的精神家园，这里有很多他们认识的朋友，可以经常在一起互动、交流及私下聚会，社区给他们带来了归属感。

总之，垂直领域社区依旧坚挺，用户通过社区不仅能够认识并结交自己的知心朋友，还能在社区中找到自己的归属感和存在感，体现自己的重要性和价值。但是社区的建设依然还是处于待完善的状态，未来社区的发展会更加繁荣。

11.1.3 小米社区：为“发烧”而生的“米粉”聚集地

有人说，做社区就是做人群，因为人群的生意永远都不会枯竭。

案例

如果说小米公司是一家手机公司，没有人会怀疑。但如果说，小米公司是一家“社区电子商务”公司，每个人都会感到惊讶。

小米靠着它的“互联网思维”飞速发展，凡是小米所涉及的领域，都有了不小的改变。小米的价值在于它的超脱，它是手机公司、电商公司、应用发行公司、游戏公司、电视公司、阅读软件公司，但不止如此。

小米的“铁人三项”是以 MIUI 为基础的。毫无疑问，MIUI 的成功是多元化的成功，并不断地向外扩展。一般来说，MIUI 是“米粉”的基础和来源。小米最强大的地方，实际上不能算是营销，而是社区经营。

社区用户聚集在 MIUI 进行社区活动，小米通过内聚的社区用户群以免费的根基打动社区用户，然后继续扩大生产线。优质的产品和持续的服务将继续影响更多的社区用户，使其主动加入社群。电商社区运营策略让小米发挥得淋漓尽致，小米总裁雷军在社区运营商中也已经成为一代领军人物。

小米的社区运营业务，不仅仅局限于 MIUI，还扩展到智能手机等外围设备，例如智能电视。小米扩建达到的效果是不言而喻的，“米粉”是小米社区最好的宣传推动者，每个“米粉”已经成了小米的义务宣传员。这就是雷军所说的“让用户参与其中”（雷军只谈产品设计，但远远不止这些）。社区的本质是什么？是每个人都参与其中，每个人都能得到他们所需要的。每个人都参与社区电子商务，这是社区电子商务的终极魅力。

“小米”社区的基础是培养用户的参与感，其营销策略包括微博拉新、社区交流和微信客服。微博的信息传播速度快，有利于快速吸引新用户；社区适合交流情感，可以有效地提高用户的活跃度；而微信作为小米的客服平台，提供售后服务。

在小米社区里，内部的分工也十分明确，其大致分为内部团队和活跃用户两部分，如图 11-1 所示。

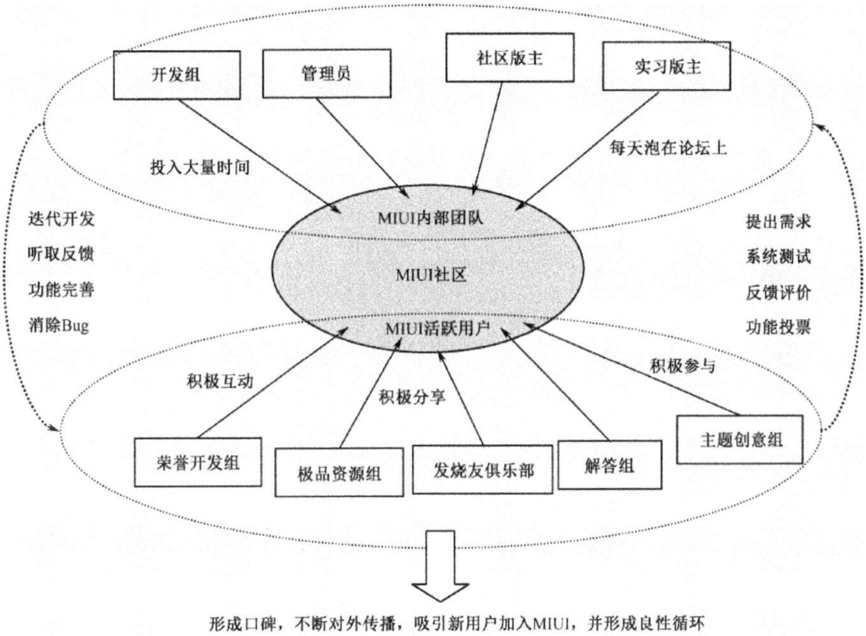

图 11–1　小米社区模式

内部团队包括开发组、管理员、社区版主和实习版主，主要负责开发产品、内部管理及社区板块的协调分布等；而活跃用户则负责回答普通用户的一些疑问，并且他们为了增强社区用户凝聚力，会定期举办一些有创意性的活动，来满足用户对小米社区的预期。

由此，整个小米社区形成了一个协调性非常强、分工明确、秩序井然的循环圈，以此来形成口碑，对外传播，吸引更多的用户加入进来，形成良性循环。小米就是依靠着社区凝聚“粉丝”力量并对外输出口碑，从而吸引新用户使用小米、加入 MIUI。

社区运营最核心的要素就是内容和关系。建立关系的基础就是运营，同样，关系能够促进社区用户的黏性。

为了有效地建立人际关系，就必须用事件将特定的人串联。在网络上，建立最有效的人际关系的手段就是文字互通及相同话题的讨论。内容运营就是高质量的内容相互交流。高质量，一方面可以从产品的设计上突出内容的高质量，将交互的方式设计得方便有效，创建良好积极的社区氛围；另一方面从用户运营的角度出发，要把握核心用户的需求，激励核心用户创作出高质量的内容。此外，运营人员也可以通过活动运营，激励用户将自己的创作内容进行交流。

从关系层面来讲，要让用户快速地找到自己想要认识的其他同类用户，建立关系，在社区里方便地交流，并维持这种关系。交流的渠道越符合用户的需求，效果就越明显。在最初阶段，社区的运营人员也可以主动帮助用户们建立关系，比如相互推荐、组织活动等。

同样地，移动互联网时代社区经济的兴起，不会因为社区应用本身而落后，关键在于通过社区的应用，提供更多、更好、更丰富的服务。也许在未来的某一天，成功的移动电商不再是那些利用网络纯贩卖产品的电商，而是那些运营目标人群的社区电商。

11.2 新媒体运营

新媒体运营是利用互联网进行现代推广和产品营销，常见的互联网工具有微信、微博、贴吧等。通过策划与品牌有关的高质量、高度传播的内容和在线活动，可以广泛和准确地将信息传递给客户，增加用户参与度和产品知名度，从而充分利用“粉丝”经济，达到相应的营销目的。

在高度发达的媒体时代，每个人既是传播者又是受众，新媒体运营商平时要进行以下几项工作：第一是推广品牌，使用微信微博产品营销自媒体平台；第二是品牌规划，通过高质量的内容和在线活动，传播品牌理念；第三是发送短信给客户或广泛地精准推送，提高参与度，提高知名度，从而充分利用“粉丝”经济，实现相应的目标。

11.2.1　服务号与订阅号该如何选择

当运营人员利用微信进行用户运营时，最常用的就是服务号和订阅号，那么服务号和订阅号到底哪个更适合运营人员所要做的推广活动呢？下面就来对比一下这两种模式的区别。

1. 定位不同

订阅号是为用户提供咨询和信息的，而服务号是为用户提供服务的。

2. 群发信息量不同

订阅号可以每天发送 1 条群发消息，而服务号每个月内只能发送 4 条群发消息。

3. 推送信息提示方式不同

群发信息时，订阅号的用户不会立刻收到推送消息的提示，而服务号的用户能够立刻收到消息的提示。

4. 存放位置不同

订阅号会被系统自动放入订阅号文件夹中，而服务号会被系统自动放到订阅用户的通信录里。

5. 申请主体不同

服务号只能适用于公司或隶属于官方机构的组织，服务号拥有自定义菜单，还可以申请微信认证。订阅号可适用于企业、组织或个人。

6. 利益不同

从盈利的角度出发，既省钱又赚钱的就是服务号。有很多网络公司都会利用微信的服务号来做营销，比如招商银行的服务号功能很强，使用起来也很方便。微信能够很好地充当自助服务的平台工具，省下了为客户服务的成本，这就相当于变相地赚到了钱。而订阅号最主要的功能就是推送文章。

7. 属性不同

订阅号强调的是媒体信息属性，为会员提供信息订阅，并适用于新闻媒体企业。在某种意义上，订阅号是用来完成内容的。如果订阅号没有原创作品，对用户来说就是毫无意义的。

服务号强调服务和应用程序属性，其目的是提供服务并与成员进行交互，而且几乎所有的功能应用都是针对服务号开发的，二者对比如图 11-2 所示。

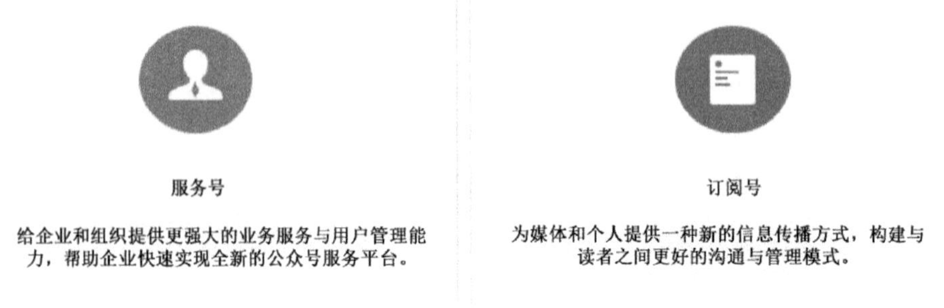

图 11–2　服务号与订阅号对比

对于个人来说，如果不想为用户群提供服务接口，同时还能达到宣传和推广的目的，则订阅号是一个不错的选择。

对于运营商来说，无论是推广告、做自助服务、提升服务体验，还是分享有价值的内容，他们想要的是通过微信账户操作来创造并实现价值。

11.2.2　各大新媒体平台的优缺点

常见的新媒体平台有搜狐自媒体、网易自媒体、百度百家、凤凰自媒体、UC 自媒体、今日头条、一点资讯等。

在这个自媒体时代，自媒体平台越来越多，每个人都可以成为自媒体明星，但从营销的角度来看，如何充分利用自媒体，选择最适合自己的自媒体使其为我所用才是最重要的。

首先谈谈各大自媒体的优劣势，这样才能更好地做出选择。

1. 搜狐自媒体

优势：收录情况较好。对于长尾词排名可靠性好，适合做口碑营销，品牌覆盖率高，有利于增强信誉度。搜狐集中三端的优势，对自媒体进行大量推广，能够快速获取阅读量。文章只要发布一次，搜狐三端就会同时显示。

上头条自动化。搜狐打破了原有的编辑推荐机制，根据流量的表现及文章本身的质量进行自动化推荐，谁写得好，谁就可能上头条。

传播呈关系链的形式。集订阅、评论、分享于一体，关系链形式的传播能够获取更多的流量。

内容分类多样。百科式的内容分类，具有频道垂直的属性。

劣势：注册审核严格。热门词的排名稳定性不强，封号情况较为严重。

2. 今日头条

优势：手机使用率较大，用户数量多，八卦文章更受用户青睐。如果文章的质量高、阅读量大，还可以获得广告分成。

劣势：比较排斥具有营销性质的文章，文章原创性要求较为严格，审查也比较严，新手的规定较多。

3. 一点资讯

优势：用户较多，能为用户提供精准的私人定制服务，是女性产品的首选媒体，也是用户引流的重要渠道。

劣势：进入一点资讯的文章有内容局限性，且不会被搜索引擎收录。

4. 网易自媒体

优势：可以获得该门户网站的相关推荐，分发效率高，给予现金补贴，原创保护性强，可以吸引该门户网站自身的“粉丝”。

劣势：用户发布的文章只能在该门户网站展现，局限性较强。

熟悉了各大新媒体平台的优缺点之后，运营人员再根据企业各自的特点，做出最优质的选择。

11.3　社群运营

社群运营的本质是筛选用户，而不是圈定用户。事实上，如果运营商不注意人群的区分与筛选，群里的人再多也没有什么意义。漏斗模型所展示的是一个传递和转化的模型，任何东西在转变和传递时都会发生流量的损失，社群的运营也是如此，即使再优秀的运营，也不能保证自己的客户能够百分之百留存。因此在社群运作时要逐步过滤筛选精确用户，让同类的用户最终沉淀下来。

11.3.1 用户圈层与社群化运营

“圈”是社会分层背景下相对中高端社会群体的概括。它可以概括为具有相同社会属性的阶级，或者是具有很强社会联系的群体。分层是社会发展的必然特征，它也将带来同一阶级的有机结合。同一群体具有相似的生活形态和艺术品位，自然会有更多的联系。

在移动互联网时代，社群的核心是人际关系，即用户之间的关系。一个好的社群一定会抓住人与人之间的关系。社群的思维模式是让用户思考，人与人之间存在着相同的价值观和认同感，才会彼此吸引。

好的社群应该具有以下几个特征。

（1）有态度的内容。好的内容和坏的内容是不容易区分的，但运营商的内容必须是有价值的，这样才能把人们聚在一起。陌生人聚在一起是因为他们同时对一样东西有兴趣，而不是因为他们的身份。在这种情况里，每个人清楚地知道自己喜欢什么、讨厌什么、愿意和谁在一起。

（2）圈子的相互作用。如果把社群扔到空气里，它很容易变成泡沫消失。但是如果社群是在地面上，它是非常真实的。

（3）分享互利。每个人在社群中都会做出贡献并且获利。通过分享和互惠，这个社区会变得更长久、更稳定。

对用户进行筛选的手段其实很简单，运营商可以为其设计一系列的动作，例如扫描二维码码进入一个新群、填写表格等。当然，最直接的方法就是付费，这是价值判断的最直接的手段。比如运营商想在网上分享一个在线课程，那么可以设置一个 9 元的入群门槛，但这样做的目的并不是要以此牟利，而是筛选真正想要学习这门课程的人。9 元对人们来说真的是一件小事，但只要人们付费就是一种价值认同，这是最简单的筛选方式。一个为学习而付费的人和一个不需要任何代价就可以进来学习的人心态是不同的。

11.3.2　如何维护社群热度

社群的热度高，才能够吸引到更多志同道合的用户。保持高的社群热度，也需要掌握科学的方法。具体方法如下。

1. 树立社群的核心价值观

人类合作的前提是有一个统一的目标，运营社群也是。社区聚集的是具有相同属性或同样需求的用户，想让这些用户长期活跃在社群之中，就要释放他的价值。运营商有必要建立社群的核心价值观，选择具有相同社群价值观的用户，并通过以点带面的形式影响后来加入的用户，形成良好的社群氛围。做好社群不在于用户多，而在于精。选择最适合自己的路，才能更好地维护社群的热度。

2. 培养意见领袖，形成规范的制度和管理

社群运营不是围绕核心人物（主要是运营人员），而是以金字塔结构来运行的。这就要求运营商要选择那些最符合社群核心价值观的用户，通过有意识地进行圈层用户管理，筛选出有服务精神的核心用户，并培养他们成为社群的意见领袖。

这些意见领袖可以替代企业的运营人员，当有新的成员加入社群时，向新成员介绍规则，帮助运营人员开展社群的日常管理，并减轻运营人员的负担。更重要的是，由于这些人都来自用户群体，这些意见领袖在其他用户面前更有说服力，同时他们可以作为一个基准，如果这些起到关键作用的意见领袖拥有某些特殊待遇，还能够很好地激励其他用户向这方面发展。例如，奖励意见领袖一些有关产品的纪念品，或者生日当天有礼物等。切记不要发放现金，这样不仅会增加运营成本，还会使关键性意见领袖变质。

3. 定期举行活动，形成用户黏性

这种活动既可以在线上举办，也可以在线下举办。像运营研究这类学习型社群，会定期举办研讨会，还要进行专人分享。这种常规活动的好处在于它可以培养用户的行为习惯，运营商定好每周举办研究会的活动日，时间长了就会形成习惯，成员用户就会定时定点地参加研讨会活动。

选择活动时要选择“轻、短、高频”的活动，这样更有利于快速形成用户的黏性。

“轻”指的是成本相对较低的活动，这些成本包括企业的人力、物力等各种成本和用户参与的成本。

“短”意味着单个活动只能占用很短的时间。不能举办类似像选秀一样烦琐的活动，试镜、初选、复赛、半决赛和决赛要花十天半月的时间，这最终会导致用户失去兴趣。

“高频”意味着活动的频率应该得到保证。要定期、定点举办活动，这有助于用户养成习惯。

当然，正如上面所说，社群不一定是在线的。如果运营商有条件，最好组织一些常规的线下活动，让用户更好地了解运营商、增进彼此的感情，同时让用户了解更多信息。比如小米一直在为自己的核心“米粉”用户举办线下聚会，这些聚会牢牢抓住了高价值用户的心。

4. 利用工具提高运营效率

要想做好社群工作，必须了解并熟练使用一些工具和技巧。否则，想管理好几百人的社群是很困难的。

此外，现在很多社群是基于微信做的。事实上，微信本身也是一个很好的工具，特别是在用户“爬楼”的帮助下。

如今，微信朋友和微信群越来越多。有时人们几个小时没看微信，就会产生成百上千条未读消息。如果群里有人分享了一些“干货”，那么错过聊天的人慢慢爬上楼是很累的，不看又很可惜。在这个时候，可以用微信搜索的方法，快速找到相应的干货。

运营商成功运作一个社群以后，就可以复制模式放到其他社群，让其他社群也迅速繁荣，开出更多的花。

11.3.3 如何避免被用户屏蔽

并不是所有的社群都会受到大家的追捧和喜爱，受到用户的屏蔽也是很正常的。但是为了社群更好地发展，在运营过程中要尽量减少用户的屏蔽量。如果大量用户选择屏蔽，则社群迟早会关闭。

在解决如何避免被用户屏蔽这个问题之前，首先要想这样一个问题：用户为什么会屏蔽社群？用户只是屏蔽社群，而不是彻底取消关注甚至拉黑社群的原因是什么？最可能的原因就是该社群在用户的心里变得可有可无了，这其实是一件很令人伤心的事情，也就是说，在用户的心里，有没有这个社群都是一样的，用户只是还没有找到更好的社群来替代这个社群而已。一旦用户找到比这个社群功能更齐全的、服务更好的、精英用户聚集更多的社群，便会毫不犹豫地转身离去。

下面就来谈谈如何避免被用户屏蔽。

1. 用户原创

内容产品起初是依靠运营来完成专业内容的填充，再用运营的方法刺激用户生产内容，依靠这些用户生产的内容，让更多用户不会轻易离开。

案例

早期的音乐播放器都是以工具类的形式存在的，比如酷我音乐盒、酷狗音乐、QQ 音乐等。用户使用这些产品时都是想听什么音乐就搜索什么音乐，对于这些产品来说，音乐播放器内的曲子是否充足，成为这些音乐播放器产品的唯一核心竞争力。

直到后来出现的网易云音乐、虾米音乐等音乐播放器逐渐改变了用户的使用习惯，这些音乐播放器会根据用户的喜好、口味，自动生成一些歌单，每天为用户推荐歌曲，并且这些歌曲真的会受到用户的喜爱。这就使得用户从原来的主动搜索歌曲变成了直接播放软件系统内的推荐歌单。此外，用户还可以自己创建歌单，网易云音乐会对优秀的自建歌单进行宣传，并且将其推荐给其他用户。

用户可以随心所欲地将喜欢的音乐放入播放列表内，根据不同的心情创建不同的歌单，越个性化的歌单名字越能受到大家的追捧和喜爱，比如“一人一首成名曲”“那些开口跪的前奏”“歌名是最凄美的情话”等。不同情境会为不同的用户带来不同的音乐歌单，用户在创作自己的歌单时还能与其他用户进行交流。

网易另一个具有吸引力的创意点就是网易云音乐的评论区，这是音乐平台的一大创举，用户在享受音乐的同时，会在评论区进行留言，写下自己与音乐的故事，分享给大家，有缘分的人或许还能成为知己。有些人为了上音乐的热搜，甚至还成了段子手。

网易云音乐中的用户原创内容，记录着每个用户在不同情境下的不同心情，当用户再次翻看时就会回忆起当时写下评论那个瞬间的心情，从而对网易云音乐更加难以割舍。

2. 社交关系

用户在使用一款应用的过程中产生了内容，会使用户留下来的概率增加，而用户在使用过程中与别人产生了社交关系，更会增加用户留下来的概率。

对于豆瓣、天涯、知乎这种写作类的社区，帮助用户建立有效的社交关系，会使用户更愿意留下来。

比如用户进入豆瓣以后，点击并添加关注，找准自己的社交圈子，在里面找同样使用这个平台的用户，挑选与自己志同道合的朋友。当然，可能用户会找不到社交关系中有哪些人使用这款应用，那么平台的后台就可以给用户推荐他们可能感兴趣的其他用户，并引导用户发现他、关注他，这样就算是两个陌生人，也很快会因为兴趣建立起社交关系。

3. 用户记录自己的数据

以运动爱好者们为例，运动爱好者会经常用自己的运动健身类 App 进行数据记录，常见的应用有咕咚、悦跑圈等。一般来说，用户都不会使用多款客户端记录自己的运动数据，除了受用户自身习惯的影响以外，还因为在使用应用程序过程中会产生许多属于他们自己的隐私数据，如果用户想更换应用，那么这个应用的其他数据不能够随之转移。

对于记录数据的应用程序来说，用户使用的时间越长，依赖这个应用程序的时间就越长，就越不容易离开。

其实，任何类型的移动客户端，用户在长期的使用过程中，都会不知不觉地积累下数据，运营商将这些数据整理出来，策划出一个专题活动，不仅能够利用“回忆杀”刺激用户，还能够达到让用户主动分享的目的。

例如用户可以从微信的“微信和我的故事”中，看到他什么时候开始使用微信，他有多少朋友，他有多少朋友圈，他与好友互动了多少次等数据，这些数据是私有数据，由于人们的一种炫耀的心理，用户会分享与他人的共同回忆。

此外，产品增长会带来用户增长，而不是产品陪伴用户而增长。产品经历改版成为用户满意的产品后，用户便不会轻易地离开。

11.3.4　能把新品发布会开成“春晚”的锤友会

作为手机行业的另类时尚产品，锤子科技有打动用户的智慧和情怀，锤子技术的每一次更新都会被广泛关注。从 2014 年开始，每年的锤子科技新品发布会都会成为互联网的热点，一方面是因为在新品发布会上罗永浩会讲述自己的创业经历和心得体会，对评论领域的创新和当前科学技术发展的趋势进行点评，另一方面锤子一直强调打造有“工匠精神”的产品，追求系统方面的创新。

从进入手机行业到濒临破产再到突然获得 10 亿元的投资，从任何角度来看，锤子科技都是一个奇怪的公司。可能有人还没有听说过这个主打“情怀”的科技公司，甚至从来没有使用过他们设计的手机，但除非从来不上网，否则人们一定多少感受过他们的营销能力。

能够把新品发布会开成“春晚”的锤友会，这样的公司不多见。新品发布会的门票一旦开始售卖，用不了多久就会售罄，甚至有时候发布会的门票会被炒到 3000 多元，可见锤子科技的魅力。

锤子科技新品发布会如此受追捧的原因有以下几点。

1. 调动用户的好奇心

2013 年，锤子科技在发布会前夕发布了一组宣传海报，告诉大家他们要开一个发布会。这组平面海报的文案非常奇怪：“五年半的时间，每一天，都面对充满屏幕的圆角矩形图标，不腻吗？”看到这样一句话，人们不禁会想：如果图标不是圆角矩形，那会是什么样子？产生这样的想法就代表着人们的好奇心已经被调动起来了。

2. 有效的传播

线上传播要想达到效果，一定要有悬念。将问题抛给观众，如果想知道真相就请去发布会现场一睹为快。

只是一个倒计时直播，就能引起30万人在线关注与讨论，不用看也能知道，发布会当天体育馆内一定是爆满的。锤子科技发布会的另一个大招便是将这场发布会在深圳卫视进行直播，这场火爆程度接近于春节联欢晚会的发布会首次在电视中出现，更是引得网友们纷纷点赞。

在 2017 年的春季发布会上，作为首席执行官，罗永浩自称是竭尽了全力，尤其是在这段时间，作为手机行业的“段子手”“相声大师”的技术达人罗公非常活跃，第一时间上直播平台，谈论产品、情怀和理想，和罗振宇搭档进行了一场“人类历史上最长的电视采访”，但从 2017 年年初开始，罗永浩就一直将这场发布会“安利”给“粉丝”们：“我们这一代产品是非常有竞争力的，我们将产品给十个人看，八个人都会感到惊艳。”很多“锤粉”纷纷表示已经坐不住了，迫不及待地想要见到产品。

长期以来，凭借特殊的设计风格和个性化的软件交互相结合的方式，锤子手机迅速地赢得了用户的口碑，也由此成为国产手机中产品差异化比较明显的佼佼者之一。很明显，不仅锤子手机很受欢迎，就连罗永浩本人也受到“锤粉”们的喜爱。

11.4 活动运营

活动运营是指公司通过举办不同性质的活动进行运营，分为线上和线下两种模式，整个活动主要包括活动策划、活动实施及建立并完善相关产业链。活动运营以营利销售为主，目的是品牌的宣传和普及。

11.4.1 线上活动，提升活跃度与参与感

经营之路不是一条寂寞的路，而是一条团队运作的道路，在这条路上要让每个人都有参与的感觉。

产品从理念到研发再到销售，整个过程都与用户有关。为了满足用户的需求，为用户提供服务或价值，很多产品选择站在用户的位置来思考问题。但是产品生

产者往往都只能拥有主观的看法，难免有疏漏和考虑不周的地方，这时，让用户参与到生产过程中，让他们提供产品优化建议，使他们拥有“主人”的感觉，会使得用户的参与感大大提高，并且会增强对产品的认同感。

想要增强用户的参与感，需要注意以下几点。

1. 满足用户的需求，解决用户的痛点

许多企业做产品之前，往往不进行市场调查，不了解用户的需求，这种产品通常不会成功。一个好的产品必须有一个功能点，这个点可以戳痛用户，得到用户的喜爱，并使用户成为企业的忠实用户。为什么共享单车大受欢迎？很简单，因为它能满足用户的需要，可以解决用户的痛点。以前自行车很容易被盗，自行车停放也麻烦，但共享自行车解决了这些问题，它不害怕被盗，并且随停随走，在大街小巷还有很多免费停车的地点，使用也很方便，只需要用手机号注册，支付押金就可以使用，因此，共享自行车一问世就得到了用户的喜爱并迅速发展。

2. 让用户参与产品的研发

小米在研发之初，设计了“橙色星期五”的互联网开发模式，通过论坛和用户互动，邀请部分用户参与研发。除了核心代码没有分享给用户之外，小米 MIUI 向用户开放了所有可参与项目，例如产品需求、测试和发布等。

让用户参与研发的模式使得小米快速地成立了 10 万人互联网开发团队，整个团队由是小米团队内的 100 多个核心工程师、1000 多个专业技术很强还通过了论坛审核的内测成员，以及超过 10 万个发烧友构成的。由此可见，提高用户参与度对于一个产品的发展影响力是巨大的。

3. 用户使用产品后获得满足感

美图秀秀、美颜相机、唱吧、VUE 等移动客户端为什么受到用户追捧？因为他们可以让用户参与其中，用户通过唱吧录制歌曲，用美图秀秀或美颜相机拍出美照，用 VUE 的剪辑功能合并素材形成小视频，并通过这些软件将自己的作品与朋友分享，可以得到朋友的认同与赞美。虽然他们的作品不专业，但自己唱出来、拍出来、剪出来的内容会让用户自身获得成就感，当朋友对其赞扬时，还会让用户获得极大的满足感，这些心理感受都会使用户对产品的认同感逐渐增强。

4. 放低门槛、合理的激励机制

用户都很聪明，不会没有道理地选择使用企业的产品。如果用户不主动给企业建议，企业可以通过设置合理的用户激励机制，降低门槛，提高用户参与率。例如，企业可以使用活动盒子进行程序运行管理，还可以设置日常的签到送积分活动，通过日常活动提高用户的参与度，鼓励用户对企业的产品进行深度使用。

案例

互联网公司中活动运营的翘楚非阿里巴巴莫属，其运营的典型代表活动之一就是已经成为中国人春节一部分的“集五福”活动，如图 11-3 所示。

图 11-3 “集五福”活动

用户通过扫描福字可以有机会得到福卡，当集齐五种福卡以后，就可以参与支付宝红包的抽奖活动，虽然最终很多人会抱怨自己只得到一两块钱的奖励，但是每年大年三十前大家仍然十分热衷于收集福卡。

由于春节期间店铺休息、快递停业，大家会减少使用支付宝的次数，这时阿里巴巴推出这样的活动，以一种游戏的方式提高支付宝的用户活跃度，既可以防止流量下降给用户数据带来的影响，又可以防止竞争对手借势做大。

此外，“集五福”活动很好地利用了中国的传统节日的契机，借势为支付宝做了一次盛大的口碑和品牌宣传，虽然从表面上看，阿里巴巴每年都要拿出上亿元的资金当奖励红包是亏本的，但是从深层次来看，阿里巴巴实际上获利更多。

用户在使用一个产品时，不仅对产品有功能需求，还有心理需求。企业要做好产品的优化，使产品不断更新迭代，让产品越来越强大，满足用户对产品功能的需求，企业就需要提高用户的参与意识，调动用户的活跃性。

提高用户参与度，满足用户的心理需求，使用户参与进来，给用户以归属感，让用户对企业的产品有很强的依赖性，这是非常重要的。

11.4.2　线下活动，提升产品口碑

到底什么是品牌？被更多的人知道的就是品牌。企业该如何提高商品的成交量，让更多的人了解企业的产品？没有人知道的产品当然不会有人买，全世界都知道的产品不怕卖不出去。

那么，如何让更多的人了解产品呢？无论是企业还是商店，宣传都是一件大事。但是电视广告的费用太高，发传单又需要大量人手，而且只能小面积推广。究竟什么方法更快捷方便且成本低廉，同时还能达到传播效果呢？答案是软文营销。软文营销有以下优势。

1. 提升产品的曝光率

如果有一篇文案很出色，它将会被大量转载，而且这篇文案不只会出现在网站上，还将出现在微博、微信、博客甚至传统媒体中，这将极大地提高产品的曝光率，让更多的人了解产品。频繁的曝光会给企业网站带来流量，用户可以从搜

索引擎、微博、微信等渠道进入网站，流量的增加自然会导致搜索引擎排名的提高，因为搜索引擎更倾向高质量的内容。

2. 建立品牌的良好形象

很多大平台对文案都有严格的审核机制，如果经常将文章发表在知名权威平台上，对企业来说，可以提高品牌信誉，为企业树立良好的口碑，是一种非常有利于维护品牌形象的手段，对品牌的发展很有帮助。

3. 为企业带动整体销售

文案的效果是非常好的，尤其是一篇好的文案，相较于硬广告，它有更好的传播效果。人们看到好的软文时，一般都会耐心看完。用户在购买这种产品后，首先会出现在脑海中的就是品牌，这有助于推动销售。特别是在企业品牌和口碑逐步成熟之后，流量和转化率将会提高。在这种情况下，总销量将会上升。这时候，发表一些高质量的文案，可以提高企业的品牌声誉，从而获得更大的利润。

4. 低成本带来大收益

在市场营销中，经常需要做广告，这些广告都需要投入大量的人力、物力和财力。但文案市场的成本很低，其成本主要是人力，而且文案发布的地方相对简单，即使是在权威网站发布，其成本也相对较小。

11.4.3 新世相打造“逃离北上广”IP

2017 年 4 月 21 日晚，有人预告在 22 日会举办一场“逃离北上广”的活动。新世相的创始人张伟和亭东（有树）文化的首席运营官李海鹏也在微博及微信朋友圈里同一时间发布了一张“逃离北上广网络剧项目开发会”的宣传海报，正式宣布“逃离北上广”这一活动将由两家公司联合开发，做成一个网络剧。同时，海报也显示双方将于 4 月 27 日举行一场网剧发布会。

2016 年刷爆朋友圈并引发了一系列争议的新世相再一次发起了“逃离北上广”活动。虽然一开始，微博刷屏的程度并不热烈，很明显没有去年的人气。评论里 80%的人都不看好这次出逃计划，接近后半夜，朋友圈里也几乎没有什么人再转发这条消息。

有人说上次大家是出于猎奇心理，这次的活动肯定办不起来。但是事实并非如此，这次的活动反而比上一次活动更加受到关注。第二次的“逃离北上广”活动比上次的火爆程度有过之而无不及。这次的活动更加正规，举办规模也更加庞大，同时，这也是新世相正式向影视界发展而进行的第一步。

新世相在举办了“四小时逃离北上广”“丢书大作战”“新世相图书馆”“当一小时偶像剧女主”等主题的相关活动后，对活动的组织和把控力得到了极大提升。此次活动举办前，新世相就做了大量准备工作，以应对参加人数的暴涨。为了开放和公正地举办此次互动，新世相还邀请 36 氪作为独立媒体观察员，监督并拍摄从规划到执行的整个活动过程。

在会议上，新世相的创始人张伟首先介绍了“逃离北上广第二季”的数据战绩，随后，张伟宣布，新世相将推出一个由社群和品牌共同驱动的新的内容生产线。内容将通过社区孵化器构建，通过品牌力量建立到 IP（适合二次或多次改编开发的影视文学、游戏动漫等）中。最终 IP 将通过视频和游戏来实现。通过社区和品牌的双重驱动，新世相计划在未来每年保持一个 IP 的输出。

张伟表示，新世相的“逃离北上广”活动，从一开始就不是为了做而做。新世相的经营宗旨自始至终清晰可见，是长期项目的中间环节。从第一个活动执行开始，新世相就一直隐藏着一个 IP 和社群故事的框架。令人高兴的是，到目前为止，该框架终于成熟了，新世相将很快宣布该项目在电影和电视方面的进展。

由于知识付费浪潮的觉醒，“逃离北上广”的概念得到了重生：

（1）创造一个新概念。

（2）建立新的 IP。

（3）新世相需要有自己的爆款活动。

（4）将来还有第三季。

这意味着，随着新媒体的迅速发展，具有跨界影响和传播渗透的新媒体活动也成为明星提高自己曝光率的选择。张伟曾告诉 36 氪，新世相就像一个潘多拉魔盒，自有一套机制可以说服明星、优秀的制作团队、优越的平台、有影响力的品牌和投资者一起工作。具体来说，“魔盒”的机关在于新世相的品牌、社群基础和制造爆炸事件的实力。

在之前的一段时间里，新世相拼命做自己的品牌，做用户。当品牌足够大、用户足够多时，别人就会想跟企业一起做更多的事情。此前的“逃离北上广”“丢书大作战”，包括《你的味道》，都是如此。

在影视领域，新世相的模式与影视制作公司和视频平台有什么区别？简单地说，它是一种具有主导社会属性的电影生产方式，创建一个全新的“社群—事件—内容—IP—电影和电视”模式。

从打造网络剧《你的味道》到打造网络剧《逃离北上广》，人们可以看到，这些网络剧在社交网络上以讨论为起点，在 IP 出现前调动人们在社交网络中共同参与，通过参与互动引起热烈讨论的 IP 发酵，再经过内容沉淀，进入传统影视制作模式。

从新世相这种影视模式中人们可以看到，近几年，传统的影视剧单项发展模式正在被新时代淘汰。这是一个自媒体时代，这个时代的一个主要特征是用户创造内容，用户参与、用户喜爱将直接决定影视剧的命运。

新世相创造了一种新的影视模式，可以说是影视剧网络化、社交化的创造性探索和尝试，同时也为当前电视剧产业的“互联网+”转型提供了新的思路。

第 12 章

收益：用户运营的目标

用户运营的目标是取得收益。本章将以产品生命周期为切入点，综合分析周期内各阶段产品的盈利状况。同时根据不同的状况建立不同的收益模式，例如“广告+电商”的收益模式、会员付费的收益模式等。

12.1 认识用户生命周期

用户生命周期指一个用户从对企业了解开始，到客户与企业的业务关系终止的这段时间，用户生命周期的演变如图 12-1 所示。

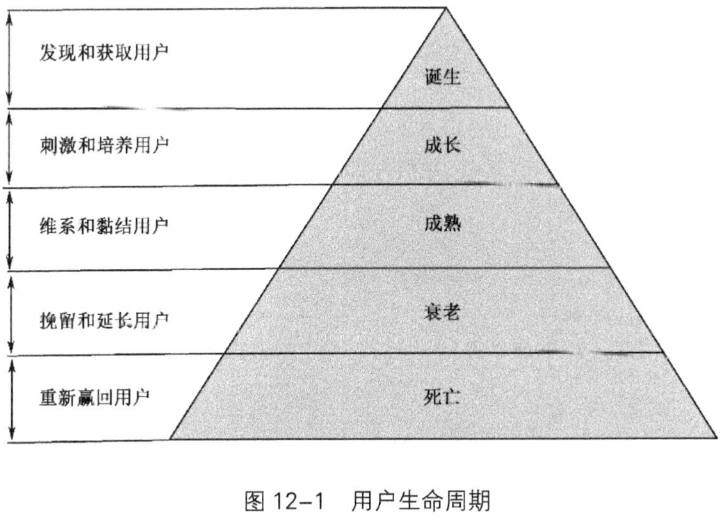

图 12-1　用户生命周期

用户生命周期的管理是围绕用户资源而展开的。随着市场竞争的日趋激烈，一个公司如果只向用户提供产品已经很难促进企业增收和发展。想要在市场中占据一席之地，企业就必须在用户身上挖掘获得利润的可能性，因此利用用户生命周期理论，增强管理能力，了解每一位用户，分析用户在生命周期的不同阶段的不同需求，就成了企业的新利润点。

12.1.1 用户生命周期理论

生命周期是一个非常实用且有效的工具，标准生命周期分析认为，市场会经历发展、成长、成熟和衰退几个阶段。然而，实际情况更加微妙，这为那些真正了解这一进程的企业提供了更多的成长机会，也更好地避免了未来可能发生的危机。

卡曼首次提出生命周期理论是在 1966 年，后来赫西和布兰查德在 1976 年将该理论进一步发展。它基于四分图理论，并吸收了阿吉里斯的未成熟的理论。

阿吉里斯认为有效的领导者应该帮助人们变得成熟或从依赖状态转变为成熟状态。他认为一个人从幼稚转变到成熟将在七个方面发生变化，如图 12-2 所示，这些变化是可持续的，通常正常人都会从不成熟变得趋于成熟。每个人的心理都有随着年龄增长的趋势，但只有少数人能达到完全成熟。

不成熟—成熟的标志

不成熟	成熟
1. 被动	主动
2. 依赖	独立
3. 有限的行为	多样的行为
4. 肤浅的工作兴趣	浓厚的工作兴趣
5. 目光短浅	目光长远
6. 附属地位	优越的地位
7. 缺乏自知之明	自我意识强

不成熟 ——→ 成熟

图 12–2　生命周期理论

用户是企业的重要资源，具有价值和生命周期。用户生命周期理论也被称为用户关系生命周期理论，是从企业与用户建立业务关系到完全终止的全过程的理论，是随着时间的推移，用户关系水平随时间的发展而发生变化，在不同阶段进行动态用户关系描述的理论。

用户的生命周期可分为考察期、形成期、稳定期和退化期四个阶段。考察期是用户关系的培育期，形成期是用户关系的快速发展阶段，稳定期是用户关系的成熟阶段和理想阶段，退化期是用户关系逆转的阶段。

1. 考察期

考察期就是双方关系的探索和实验阶段。在这一阶段，要考虑对方的诚意和表现，以及双方目标的相通性和在建立长期关系时的潜在责任、权利和义务。缺乏相互理解和不确定性是双方在考察期间的基本特征，评估另一方的潜在价值和减少不确定性是本阶段的中心目标。

在这个阶段，企业和用户开始沟通和建立联系，企业要对所有用户进行调查，以此来确定可开发的目标用户，特定区域内的所有用户都是潜在用户。用户了解企业的业务后，企业要做出相应的回答。此时，企业有了用户关系投资的成本，但用户对企业没有做出很大的贡献。

2. 形成期

形成期是双方关系快速发展的阶段。可以进入这一阶段，表明双方在考察期间相互满意，建立了一定的信任和默契。在这一阶段，双方获得的收益日渐增多，形成相互依赖的关系，并且依赖的范围和深度也不断增加，使双方都意识到对方拥有提供价值的能力和履行职能的责任，所以愿意承诺彼此建立一种长期而稳定的关系。随着双方相互了解和信任的加深，彼此合作的关系日趋成熟，风险容忍度也会提高。

当企业成功地开发出目标用户时，用户开始与企业进行业务往来，业务也在逐步扩大，并进入了用户的成长期。这时，用户已经开始为企业做贡献了，企业也开始从用户交易中获利。

3. 稳定期

稳定期是企业与用户双方关系发展的最高阶段。在这一阶段，双方态度无论是含蓄的还是明确的，都保证了长期的合作关系。这个阶段有以下几个明显的特点：

（1）双方对对方所提供的价值高度满意。

（2）为了保持长期稳定的关系，双方进行了大量有形和无形的投资。

（3）大量交易。在这一时期，双方的相互依存程度达到了整个关系发展过程中的最高点，双方关系处于相对稳定的状态。此时，企业投入较少，用户对企业做出更大贡献，企业和用户的交易量处于高利润期。

4. 退化期

退化期是双方关系逆转的阶段，关系的退化并不总是发生在稳定期之后的第四阶段。事实上，这种关系在任何阶段都可能退化。造成这种关系恶化的原因有很多，比如某一方产生不满或需求的变化等。

退化期的主要特征有：双方的交易量下降；一方或双方正在考虑结束关系，甚至寻找一个候选伙伴；开始交换结束关系的意图。

当用户和企业之间的交易量逐渐下降或急剧下降时，而用户本身的总业务量没有下降，表明用户已进入退化期。

此时，企业有两种选择，一种是加大对用户的投资，恢复与用户的关系，寻找维持用户关系的发展途径；另一种是放弃用户。企业的两种不同做法自然会产生不同的投入产出效益，当企业用户不再与企业有业务关系时，意味着用户生命周期的完全终止。在这个时候，企业有一些成本支出，但没有收入。

12.1.2　利用用户生命周期分层管理

任何事物的发展都会经历一个从相互陌生、开始接触、再到彼此熟悉的过程。企业与用户的关系也是如此，一般来说，会经历潜在用户、新用户、忠诚用户三个发展阶段。

1. 潜在用户

潜在用户是指未来可能与企业进行交易的用户，尽管他之前从没有购买过产品。当用户对企业的产品感兴趣，通过某种渠道与企业接触时，就成为企业的潜在用户。与此同时，这位用户也就进入了用户生命周期。此时，帮助潜在用户建立对企业及其产品的信心是非常重要的。对潜在用户的识别是关键，它可以创建企业与用户的交易关系。面对潜在用户，企业应该向他们详细介绍产品的特点，耐心回答他们提出的各种建立在交易基础上的问题。

2. 新用户

在建立与公司进行交易的信任感之后，潜在用户便会购买公司的产品，这些用户就转变为公司的初级用户，也就是新用户，新用户将开始为公司创造收入。同时，企业也开始收集并记录与新用户有关的各种信息，以便与他们保持联系，分析其未来是否具有更高的商业价值。新用户与企业之间的关系仍处于整个用户生命周期的初级阶段。

虽然新用户已经初步认同了企业，接受了企业的产品，但企业必须继续培养他们对自己和产品的信任和忠诚。企业应该与新用户保持联系，多关照他们，这是使新用户再次与企业进行交易的基础。另外，用户在商业交易过程中的体验和购买产品价值的判断，会影响他们能否继续与企业进行更多的交易。

3. 忠诚用户

如果有良好的交易体验和对企业产品的持续认可，一个新用户将与企业进行多次交易，成为企业的忠实用户，他们与企业的关系也将进入成熟阶段。此时，客户满意度和信用度应该成为企业关注的焦点，企业要知道用户是否有新的需求，把企业的相关产品介绍给他们。因此，在与忠诚的用户保持原有的业务关系的同时，要努力建立新的业务关系，争取把他们培养成新业务的用户，持续扩大赢利能力。

在对用户进行分类以后，要利用用户的生命周期对他们进行分层管理。

1. 新用户的价值分析及管理

用户信息的收集是一个动态的过程。一般来说，在第一次交易中收集完整的用户信息是很困难的。通常，在重复交易中逐步收集用户信息直至完善是一个可行的方法，从与用户的第一次接触开始，企业就要注意收集和整理客户信息。

然而，仅仅通过记录新用户的几次交易，很难分析出新用户交易行为的规律性，也就导致很难对新用户的价值做出有效且有根据的判断。此时，企业应注意收集和积累新用户的每笔交易数据，跟踪并完善新用户的其他信息，为未来用户价值评估做准备。

2. 潜在用户的价值分析及管理

尽管潜在用户没有与公司建立交易关系，但是他们仍可能是企业的目标，应该引起重视，因为每个用户购买产品都能为企业创造利润。而对于企业来说，一旦失去了与潜在用户进行交易的机会，即使只是一次交易的机会，也很难再与他们建立贸易关系。因此，对于企业来说，每一个潜在用户都是非常有价值的用户。

但是由于潜在用户与企业之间没有交易关系，因此企业无法记录和跟踪其交易行为数据，这导致企业很难利用潜在用户的价值判断来分析统计数据。然而，除了通过交易外，企业可以通过其他方式收集潜在客户的基本属性，如年龄、性别、收入、教育程度、婚姻状况等，然后利用这些基本属性数据将潜在用户进行细分，分析其潜在价值。

3. 忠诚用户的价值分析及管理

与新用户相比，忠诚用户为企业创造的收入更多，因此忠诚用户对企业的生存及发展具有重要意义。忠诚用户的价值主要体现在三个方面：

（1）通过反复交易，可以为企业创造更多的收益。

（2）企业更有可能与忠诚用户保持低成本优势的关系。

（3）给企业带来新的用户。

忠诚用户的推荐是新用户光顾企业的重要原因之一，口碑效应可以帮助企业及其产品树立正面形象。

企业通过分析已经产生的交易数据，可以确定忠诚用户价值的评价指标。常见的数据包括最近一次的交易情况、时间、地点等，其中交易情况就是在一段时间内，用户与企业交易的次数及交易的总金额。

此外，企业可以使用总交易金额排名法来判断忠诚顾客的价值，也就是说，企业首先将用户的总交易金额从高到低排列，然后找出那些带来大部分收入的用户。使用这种方法，可以很容易地找到不同的用户对销售量和销售收入的不同的贡献。

比如某公司 80%的收入来自近 20%的用户，则该公司应该设法与这 20%的用户加强联系，使他们愿意扩大与公司交易的业务范围，发展企业新业务；或增加同一业务的交易量，提高企业的效益。

案例

光大银行就利用其客户在用户生命周期不同阶段所表现出的差异化消费需求、奉献偏好及其他行为特征，为客户定制了多种产品服务。其业务也以用户不同阶段的需求为导向制订，如对长期用户进行用卡促销、针对睡眠用户实施“唤醒”等。凭借着这样的服务，光大银行在卡片云集的信用卡市场中占领了重要的位置。

由于每个用户对企业的贡献是不同的，企业不应把营销服务平均放在每一个用户身上，而应该把更多的精力放在数量少但贡献大的优质用户身上。此外，由于这些用户为企业创造了大量收入，这表明这部分用户更愿意与企业保持长期合作关系，因此将有限的营销和服务资源更多地分配给忠诚用户，更容易达到事半功倍的效果。

12.2　用户获取成本——收益核算

在圈定了用户之后，企业就要核算获取用户的成本，如图 12-3 所示。

能够使用户得到良性增长的初创型公司都会遵守最基本的规律，那就是通过付费获得的用户的成本必须低于用户生命周期的价值成本，获取单个用户的用户成本就是用户花费的预算除以获得的用户数量。

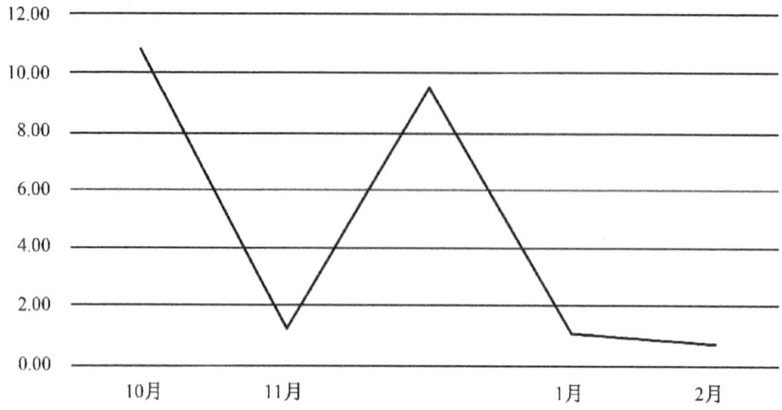

图 12-3　单个用户获取成本

12.2.1　确立单个用户获取成本上限

如何才能确定获得单个用户的成本？有以下两种方法。

1. 根据运营经验参考行业水平而定

优秀的运营人员最大的价值在于能够根据自己丰富的经验，迅速做出一系列正确的决策，为整个团队提供各种可行的手段，以获取用户。以电子商务网站为例，运营人员在确定用户获取成本时，会考虑品牌知名度、价格吸引力等因素，选择具有潜力的产品进行销售，通过这种方式建立用户获取成本的上限。

根据细分领域的研究经验，企业可以得到一个获取成本的参考值，但大多数初创企业在进入竞争市场时都有不同的产品定位和用户定位，这决定了产品能否突破单点。从另一个角度看，这种产品刚刚上市时，由于用户体验成本高及未打响品牌知名度，这就让用户获取产品的成本与同一行业的其他产品相比产生了差异。此时运营人员需要做的就是将产品的市场调查报告、市场竞争状况及其他产品信息相结合，列出产品的优点和缺点，获得在同行业中可参考企业的对比值，并在改进后确定单个用户的产品购买成本。

2. 根据用户生命周期价值确定用户的获取成本

在既定的商业模式下，如果用户生命周期价值为 100 元，那么企业用户的获取成本上限就是 100 元。如果超出预算，产品就会亏本，从而无法得到可持续的发展。通常情况下，为了维持公司的可持续发展，公司一般会将用户生命周期价值与每日家庭购置成本的比例保持在 4:1，以确保合理的收入。

不管用户获取成本是以自身经验估计出来的，还是通过用户生命周期价值和用户获取成本之比获得的，都只是一个初步的参考值。参考值能为预算做一定的参考，但仍然没有说服力，还需要修正步骤。企业可以做一个小预算测试，例如选择适合产品支付和推广的渠道，简化产品的宣传篇幅，在支付和推广后进行数据收回，将每个用户的获取成本与先前的计算结果进行比较。比如支付的费用是 5 元，获得计算用户的费用是 12.5 元，修正指数小于 400%，低于用户获取成本的参考值。

通过实际测试获得用户成本值，如果低于用户访问成本 400%这个参考值，至少在成本上是可以接受的。下一步工作应集中于优化和反馈，并将测试值优化到预算值及其以下。

企业要基于数据来确定用户生命周期价值和用户获取成本。如果没有一个支持数据，应采用严格的逻辑所推导出的结论，然后才考虑利用经验解决问题。

12.2.2　筛选收益用户群体

做产品设计、运营策划时，很多产品经理或运营人员往往会陷入一个误区，那就是要尽量满足用户的所有要求，尽可能为不同的用户提供更多不同的体验，然后争取更多的用户。

拥有大量的用户的确是一件好事，对寻找投资者也有好处，但是为什么说这是一个误区呢？在很多场景中，对企业来说最重要的不是吸引了多少用户，而是有多少用户会留下来。吸引的用户多、基数大，有的时候并不是正确的。

也许在某些领域，这一规则是成立的。比如用户之间缺乏通信产品和具有认同感的产品，在这种情况下，企业能收获一个用户是一个用户。

但大多数时候，企业希望建立用户之间的互动、品牌认同感和归属感。当企业有这样的想法的时候，那么至少在一开始就要对用户进行辨别，哪些用户可能对企业的产品或业务带来负面的干扰作用。一个不合适的用户的害处超过一百个好用户的维系。

很多时候，运营人员经常认为用户会按照自己的设计过程和逻辑使用产品，而他们的设计逻辑中没有负面的分支。

在一个社群论坛或者讨论群组中，有时候会出现一些莫名其妙的争议，有些人甚至发表一些非常极端的言论，导致一些核心用户因为气愤而流失，这其实是很糟糕的情况。

如果这样的用户和行为不受控制，社群的优质用户或意见领袖就会逐渐流失。

比如一个精英汇集的行业论坛，如果里面掺杂着到处蹭资源、拉关系、群发广告的人，主流用户就会产生厌烦情绪，甚至离开论坛。随着时间的流逝，如果这种情况不处理不解决的话，会导致用户流失更加严重，久而久之新社群就会结束生命。

还有另一种情况，一些品牌会突出强调一些文化内涵和品牌认同感，特别是一些有内涵的奢侈品牌，如果品牌不对其用户是否符合自己品牌的定位进行调查，只注重用户是否给自己带来的物质价值而忽略他们是否符合自己品牌的文化底蕴和内涵，就会导致原本认同这个品牌文化内涵的资深用户流失。

接下来讨论筛选用户的一些基本方法。

1. 邀请制

这是最直接、最有效的方法，当然也是提高用户效率最慢的途径。

邀请可以保证用户的质量，而稀缺性也会给用户带来自豪感和满足感。

同时，邀请也容易追责。举个例子，如果有不合适的用户进入平台，邀请者可能需要承担一定的连带责任。

对于高端会员俱乐部和新启动的社群平台来说，邀请是一个很好的启动模式。但是，当企业需要大规模地扩展用户时，邀请方式可能会不太合适。

2. 价格门槛

价格的限制是有效筛选用户的手段之一。假如企业在创业时期，为了做数据分析平台，需要收集一些数据反馈，就准备给用户一些产品。这时候，切勿免费让用户使用，如果能收一些费用，企业收集到的数据会更加真实有效。

3. 测试或其他准入条件

针对企业的网站或产品做一些测试题，或者设置其他准入条件。比如脸书在最开始只允许某些大学的邮件注册。

4. 操作门槛

提高人为操作门槛，可能会增加正常运营人员的管理负担，但也会让垃圾短信或骚扰别人的用户大大增加使用成本。

比如某网站控制匿名喇叭呼叫的情况，也就是说，用户要想发表回复的话，除了必须在三天内登录外，还要浏览足够数量的帖子。而且，用户发布的回复还有时间间隔限制。

12.2.3　制订收益策略

整体来看，收益策略有三种，如图 12-4 所示。

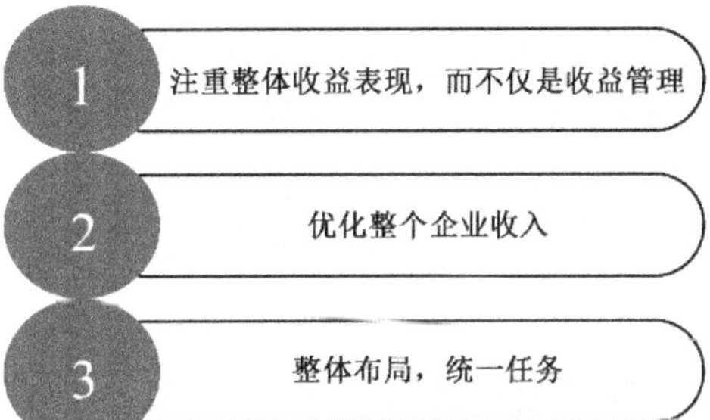

图 12–4　三种收益策略

1. 注重整体收益表现，而不仅是收益管理

收益管理系统具有良好的需求预测和定价功能，但迄今为止很多人只关注产品价格优化领域。企业最好从另一个角度观察整个企业的收入项目，因为它会影响定价决策，然后从企业整体收入表现的角度来综合分析这些收入项目。

各部门的多项收入项目之间往往存在复杂的关系，一个部门的定价可以直接影响到其他所有部门的业绩。企业的各项收入都有不同的利润率、预订方式、定价阻力、需求规律和潜在收益。当然，它对整个企业的收入也有不同的重要性。优化收入的关键不是比较利润，而是合理控制各部门之间的需求，以达到理想的销售组合和利润。要实现整体收益绩效，必须优化各个收入项目，以及各收入项之间的关系。

2. 优化整个企业收入

自动收入管理系统一直专注于单个产品收入，但如果这些网站不以低价出售产品，它们将无法获得主要利润。每类产品收入通常是分开核算的，但总的来说是提高整体绩效的主要途径。也就是说，利用先进的分析技术收集所有的收入项目，将成为产品定价、体验和销售的重要参考。

3. 整体布局，统一任务

用“整体绩效”做决定往往是不正常的，甚至无利可图，尤其是那些只关注单一收入项目的决策者。例如，一些酒店在旺季将房价定到最高，这可能会导致失去一些潜在用户。他们可能是来参加会议或游玩，因此只愿意支付较低的产品价格，而更多的消费将在餐饮、美容、娱乐等项目中。总体收入指的是优化总体规划以后获得的收入，但是这部分收入也包含了一些关键业绩指标的牺牲，比如每个季度产品的价格。整个团队必须在这项新任务中达成高度一致，系统必须能够控制收入项目开放和关闭。

12.3 常见用户收益模式

利润不会从天而降。赢利讲究方法、套路与模式。实现用户收益的常用模式有三种，分别是“广告+电商”模式、付费会员模式和会员定制需求模式。

12.3.1 广告+电商

投放到网络的广告可以细分为 CPC / CPV / CPA 等，在广告联盟中都有具体的详细描述。一般来说，除非网站的黏性是不同寻常的，否则特定的广告效益不会太差，当然，这主要还是由网站流量决定的。有的站长手握大量网站甚至站群，这时候可以考虑通过批量广告来获取收入。

首先，可以申请主要的广告联盟，比如百度、谷歌等。如果有更多的网站，可以多尝试几个。广告通常是一段 JavaScript 代码，可以通过延迟加载来推迟广告的加载，以避免多个广告同时加载影响网站的速度。

其次，在衡量回报时，企业也应该考虑广告联盟的正规性。一些相对较小的广告联盟似乎要少花很多钱，但它们可能会存在很多非法广告，这些广告联盟不要触碰，免得损害了公司或者品牌形象。如果企业有很好的用户基础，就必须特别注意选择的广告联盟是否合适。此外，像百度、谷歌这样的广告也有一个精确的投放模式，它基于大数据来计算用户浏览习惯并发布广告。

最后，还有一种比较少见的广告赢利方式，就是主动出售自己网站的广告站点，这样企业就可以不在乎几千 PV（访问量），但至少需要考虑网站是否有大流量或大品牌。

当然，很多人做广告都是为了售卖产品，为了通过广告获取最大的收益，最好在广告中巧妙加入电商平台的链接，或者产品的售卖链接，这样可以直接将用户导流到电商平台，方便用户购买。

12.3.2　付费会员

付费会员模式有两种变现方式，分别是内容收费制和服务收费制。

1. 内容收费制

如果你有混论坛的经验，就不难发现很多论坛都设立了 VIP 专区。有些功能和内容只对 VIP 开放。还有一些下载站点、电影站点和资源站也开启了内容收费模式。内容收费看起来似乎是合理的，无论是单次付费还是按时间段收费，收益都能比广告多，但如果网站本身吸引不了访问者，用户黏性不大，这样做只会让网站垮掉得更快。

案例

百度文库的一些作品必须要付费浏览，其他一些品牌的文库也有这样的收费系统，但它们不直接收人民币，而是收由网站运营商开发的虚拟货币。这些虚拟货币可以通过充值来获得。这看起来似乎非常合理，但只有一些流量较大的文库敢于这样做。晋江这样的小说网站凭借作者资源和流量优势可能会因为付费赚钱，但这并不意味着每一个小说网站都能依靠会员付费赚钱。

如果企业的网站有一定数量的用户，同时也有一些吸引访问者的内容，那么使用内容收费系统不仅不会使用户流失，还会增加用户数量。这些网站的用户深入了解产品后，愿意为优质的内容付费。比如大型的视频网站会依靠丰富的网站内容，如优质的自制剧和自制节目、独家播放的上星电视剧及引进的海外电视剧和电影，来吸引用户付费，实现收入的大幅度增长，如图 12-5 所示。

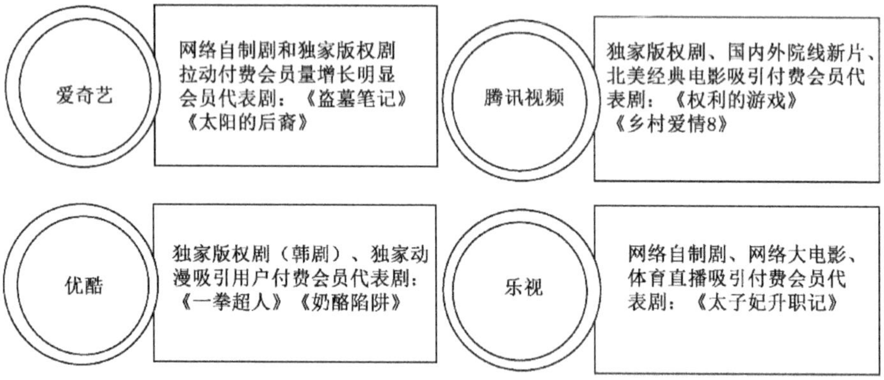

图 12–5　各视频网站的会员独享优势

2. 服务收费制

这可能是目前网站最赚钱的方式。比如在一些社区论坛类的网站听音乐选择音乐的码率、在视频网站看视频时选择超清画质、QQ 空间的背景音乐等，这些特权必须通过付费才能实现。用户只有付费后才会得到更好的服务，这是服务收费制最好的体现。

如果采用这种收费模式，企业最好还是给用户一些免费体验的空间，不要认为让用户免费使用产品企业就会有亏损。例如视频网站，如果他们不让用户享受一部分免费的超清电影，用户是不会知道超清的观看效果是什么样的。

用户体验到达一定的高度，向用户收取一定的费用才是合乎情理的，比如阿里云免费发送服务器让用户使用，当用户形成习惯后再开始收费就显得合理，用户付费是为了享受一些未曾尝试过的服务，并不是拿钱去试验一次未知的冒险。如果阿里云不给人们免费的体验机会，到现在为止应该还会有很多不想尝试阿里云的人。

12.3.3 会员定制化需求

会员营销的核心是定制化，而定制的第一步是获取用户的基本信息。获得用户基本信息的途径是非常多的，目前主要有两种方式：一是原始用户数据的再次整理，二是建立商用 WiFi 系统，记录用户登录时所输入的非隐私信息及一些外围数据。

给用户画像。随着信息的逐渐积累，用户的消费行为特征将越来越明显。通过积累用户行为数据，企业预测用户行为的准确性也会随之提高。

产品定制是一种个性化的行为，是市场细分的极限化的表现。传统的产品销售方式是在制造商完成生产后再去销售产品，用户选择产品和支付，而定制的产品和服务是目标客户需要什么，供应商就生产什么，并为他们提供个性化服务。

随着人们消费观念的成熟、消费水平的提高和消费方式的转变，用户会进入理性消费阶段。当用户在市场上找不到合意的商品时，他们希望能在企业的帮助下进行定制。因为用户直接参与了产品的设计，产品会更符合用户的需求，用户满意度会更高。因此，实施定制化管理是消费市场发展的需要。

企业生产出的产品的开发周期和生命周期日益缩短，产品定制可以延长产品的生命周期。所有的产品和服务市场竞争越来越激烈，企业管理虽然在许多领域都较为相似，但在过程中要达到更高的发展水平，谋求实现竞争优势，往往必须以正确的方式进行。因此，实施定制化管理也是企业发展的需要。

1. 产品策略

企业必须与大量的用户，尤其是对企业来说最有价值的用户直接接触，了解他们的需求。分析用户之间的差异，将有限的企业资源集中，从最有价值的用户当中获得更多的利益，从而更好地分配资源，使产品或服务更有效。

2. 价格策略

在某种程度上，定制产品会增加生产成本，但用户会花更多的钱购买他们喜欢的小众产品。定制营销是根据用户实际订单生产，可有效避免产品的滞销和库存成本的增加，从而降低运营成本。因此，定制产品服务的价格仅限于企业和用户能够接受的范围内。

3. 产品定制类型

（1）组合定制。组合型的定制是在产品分销阶段进行的，即在标准产品上添加特定的附件，形成由零售商或分销机构定制的特色产品。定制还包括一些定制服务，如会员的定制服务。这是一种更简单的操作形式，但它对产品有一定的局限性，适用于那些可以在产品后期简单组装的产品。

（2）选配定制。选配型的定制产品是在制造阶段引入的。产品零部件的设计也许是标准的，定制的产品应该根据客户的不同选择进行组装。其核心是预先调查顾客的需求，根据调查结果设计合适的产品整体结构，然后根据产品整体结构配置产品，以满足客户的个性化需求。

（3）核心定制。核心定制是在设计阶段开始时引入定制，并且在制造阶段和产品配送阶段进行相应的定制。

图书在版编目（CIP）数据

用户运营：布局策略+经典案例+实战技巧 / 马彦威著. —北京：电子工业出版社，2019.6
（数字化生活. 新趋势）
ISBN 978-7-121-36523-2

Ⅰ. ①用… Ⅱ. ①马… Ⅲ. ①网络营销 Ⅳ. ①F713.365.2

中国版本图书馆 CIP 数据核字（2019）第 092079 号

责任编辑：周　林
特约编辑：徐学锋
印　　刷：北京虎彩文化传播有限公司
装　　订：北京虎彩文化传播有限公司
出版发行：电子工业出版社
　　　　　北京市海淀区万寿路 173 信箱　邮编：100036
开　　本：720×1 000　1/16　印张：14　字数：224 千字
版　　次：2019 年 6 月第 1 版
印　　次：2023 年 8 月第 11 次印刷
定　　价：58.00 元

凡所购买电子工业出版社图书有缺损问题，请向购买书店调换。若书店售缺，请与本社发行部联系，联系及邮购电话：（010）88254888，88258888。

质量投诉请发邮件至 zlts@phei.com.cn，盗版侵权举报请发邮件至 dbqq@phei.com.cn。

本书咨询联系方式：25305573（QQ）。